Günther Berger

Kunstunterricht (V)

Druckgrafisches Gestalten
Schrift
Illustration
Buchgestaltung
Computergrafik

5.-10.

Unterrichtsbeispiele
mit Farbfolie zur Computergrafik

umweltfreundlich
auf chlorfreiem Papier

ISBN 3-89291-**804**-1

Unterrichtspraxis

Günther Berger

Kunstunterricht (III)

Farbiges und grafisches Gestalten

9/10

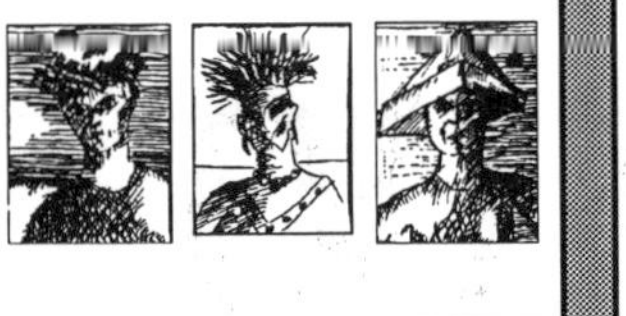

Unterrichtsbeispiele

Inhaltsübersicht:

Kunstunterricht (III) 9/10

Nr. 802 *126* **Seiten DM 37,80**

Foliensatz

8 Farbfolien

32 Abbildungen

Farbfoliensatz Kunstunterricht (III)

-Farbiges und grafisches Gestalten 9./10. Klasse-

Verzeichnis der Reproduktionen auf den Farbtafeln II bis IX (Folien)

Farbtafeln II–IX: Farbige Schülerarbeiten

Abkürzungen: Farbtafel= FT

Kunstunterricht (III)

Nr. 652 *8 Folien 32.Abb.* **DM 36,80**

Unterrichtspraxis

Günther Berger/Ilona Dohnicht-Fioravanti

Kunstunterricht (IV)

Plastisches Gestalten, Objekt- und Materialkunst

Aktionen, Projekte

5-10

NEUERSCHEINUNG NEU NEUERSCHEINUNG

Unterrichtsbeispiele

Inhaltsübersicht:

Kunstunterricht (IV) 5-10

Nr. 803 *122 Seiten* **DM 32,80**

Unterrichtspraxis

Günther Berger

Begegnung mit Kunstwerken

7-10

Kunstunterricht (VI)

NEUERSCHEINUNG NEU NEUERSCHEINUNG

Unterrichtsbeispiele

Leben und Werk

Joan Miró bei der Arbeit an einer Wandmalerei • 1966

Joan Miró

*** 20.4.1893 in Montroig † 25.12.1983 in Palma de Mallorca**

Bereits als Vierzehnjähriger besuchte Miró zwei Kunstakademien in Barcelona. 1918 zeigte er seine erste Einzelausstellung. Quellen seines frühen Schaffens waren die Volkskunst, die romanisch-katalanische Kunst sowie die Kunst Paul Cézannes, van Goghs, Henri Matisses, der Kubisten u. v. a. m. Aus diesen Anregungen entwickelte Miró in der Folge seine für ihn typische Bildwelt. Es kam zur völligen Abkehr von illusionistischer Raumauffassung und gegenständlicher Formenwelt. Besonders ab 1923/24 prägte sich seine freie Fantasie aus. Anregungen aus dem Unterbewussten und aus Meditationen tauchten auf. Sie führten zu Kombinationen und Variationen von Hieroglyphen, zu Bildzeichen, die an kindliche bildnerische Frühformen erinnern und in imaginären Bildräumen schweben: z. B. strich- und flächenartig abstrahierte Zeichen für Sonne, Getier, Mensch usw.. Diese Zeichen sind z. T. mit sog. kindlichen „Kopffüßlern" verwandt, auch mit Zeichen der primitiven Kunst der Urzeit. Zunehmend bevorzugte er dabei reine Farben - Gelb, Blau, Rot - auf getönten, oft schwarzen oder grünen Farbgründen. Eine enge Wesensverwandtschaft zu Werken Paul Klees, Wassily Kandinskys und der Surrealisten wurde immer deutlicher. Freundschaften verbanden ihn u. a. mit André Masson und Max Ernst.

Nach 1933 trat eine Phase ein, in der er seine Gegenstandslosigkeit aufgab und realistische Detailformen in den Schaffensprozess einbezog. 1935 floh der Künstler wegen der faschistischen Franco-Herrschaft und des bevorstehenden spanischen Bürgerkrieges nach Paris. 1940 kehrte er nach Palma de Mallorca zurück und zeigte 1941 seine erste große Ausstellung in New York, die einen beeindruckenden Überblick über das bis dahin bereits umfangreiche, vielseitige Schaffen Mirós vermittelte (Zeichnungen, Ölgemälde, Collagen, Wandbilder, später kamen Skulpturen und Objekte dazu).

Das Werk Mirós ist kaum einer bestimmten Stilrichtung absolut zuzuordnen. Es ist vielmehr als eine schöpferische Synthese verschiedener Gestaltungsrichtungen, als eine ganz und gar eigenwillige, originäre, individuelle Kunstäußerung aufzufassen. Auch deshalb fand sein Werk allmählich Anerkennung, Bewunderung, die bis heute anhält. Davon zeugt u. a. die weite Verbreitung und Beliebtheit seiner Bilder als Wandschmuck.

Inhaltsübersicht:

Kunstwerke 7-10

Nr. 805 *152 Seiten* **DM 38,80**

<u>Stand</u> der Preise 1999 - Bitte beachten Sie unsere aktuelle Preisliste

Vorwort

Diese Sammlung von Unterrichtsbeispielen zu recht unterschiedlichen Gestaltungsbereichen will anregen, Aufgaben und Lernziele des jeweiligen Fachlehrplanes schöpferisch zu verwirklichen. Sie sind deshalb nicht rezepthaft, stereotyp anwendbar.
Die Gestaltungsaufgaben mit entsprechenden Leistungsanforderungen sollten je nach eigener kunstpädagogischer Konzeption und entsprechend den konkreten Unterrichtsbedingungen akzentuiert und abgewandelt werden. Die Beispiele sind unter normalen schulischen Bedingungen entstanden; ihre Auswahl umfasst sowohl Arbeiten aus vergangenen Jahren als auch ganz aktuelle Ergebnisse. Diese Schülerarbeiten wollen Gestaltungsmöglichkeiten veranschaulichen und dem Lehrer Angebote zu eigenen Unterrichtsentwürfen machen. Es handelt sich um aus Klassenergebnissen ausgewählte Beispiele, die auf ein möglichst hohes bildnerisches Niveau orientieren wollen. Das schließt bei der Realisierung der Gestaltungsaufgaben immer auch mehr oder weniger unterschiedliche, individuelle bildnerische Möglichkeiten und Niveaustufen ein.
Unsere Gestaltungsangebote stellen nur eine kleine Auswahl aus der möglichen Vielfalt künstlerischer „Anlässe" und Lösungswege dar. Anhand einiger Beispiele wird deshalb der mögliche Variantenreichtum anzudeuten versucht. Die Unterrichtsbeispiele sind nicht als systematischer Lehrgang angelegt. Sie sind in die eigene langfristige Unterrichtsplanung einzuordnen. Die angebotenen Aufgaben und Beispiele sind modifiziert auch in anderen Klassenstufen einsetzbar. Die Stundenangaben zu den Unterrichtsbeispielen sind unverbindliche Richtzahlen.
Die Angebote zur Kunstbetrachtung sind auf nur einige Werke beschränkt. Sie können und sollten aus der Fülle der Möglichkeiten ergänzt bzw. verändert werden.
Für die Anregungen, Unterrichtsversuche und -materialien zu dieser Beispielsammlung bin ich folgenden Kunsterziehern aus der Schulpraxis zu großem Dank verpflichtet: Hans-Peter Adolphs, Mittelschule Machern; Ulla Bornemann, Gymnasium Köthen; Peter Mai, Gymnasium Markranstädt; aus Leipzig: Franziska Nestler, König-Albert-Gymnasium; Dr. Heidemarie Paul und Wolfgang Zabel, Thomas-Schule (Gymnasium); Barbara Wesuls, Humboldt-Gymnasium; Werner Thiem, Max-Klinger-Gymnasium; Eleonore Wittwer, Werner-Heisenberg-Gymnasium; Bernd Wittwer, Friedrich-Liszt-Gymnasium; außerdem Margitta Wedde, Gymnasium Wandlitz; Jens Schröder, St.-Augustin-Gymnasium Grimma; Dr. Renate Tost, ehemals Dozentin am Institut für Kunstpädagogik Dresden, und den Studentinnen Anne Hänsel, Doreen Andryjewski; Aline Thielmann und Kerstin Milge für ihren Erfahrungsbericht zur Computergrafik (Universität Leipzig).

Günther Berger

Inhaltsverzeichnis

I. Beispielsammlung zum druckgrafischen Gestalten

I. Beispielsammlung zum druckgrafischen Gestalten

1. Lernziele ausgewählter druckgrafischer Arbeitsbereiche

- Die Schüler lernen die Eigenart und spezifischen Ausdrucksmöglichkeiten druckgrafischer Verfahren, Techniken und Gestaltungsmittel des Hoch- und Tiefdrucks kennen und für eigene freie und angewandte Aufgaben anzuwenden. Sie begreifen dabei druckgrafisches Gestalten als einen spezifischen Werkprozess, in dem es darum geht, ein der Aussageabsicht entsprechendes Bildganzes zu schaffen, in dem Inhalt und Form eine Einheit eingehen.

- In diesem Sinne erwerben die Schüler Kenntnisse und wenden sie an bezüglich
  - des kunst- und materialgemäßen Einsatzes der druckgrafischen Verwirklichungsmittel,
  - der Prinzipien und Gesetzmäßigkeiten der Bildkomposition mittels Linie, Struktur, Hell-Dunkel und entsprechender Kontrastmöglichkeiten,
  - der Organisation und Durchführung druckgrafischer Arbeitsabläufe.

- Sie entwerfen für die gewählten Drucktechniken geeignete Bildmotive (auch Gestaltungsvarianten) auf der Grundlage von Skizzen bzw. Studien aus der Vorstellung oder nach der Natur und wenden entsprechende Übertragungsverfahren auf die Druckform an.

- Künstlerisches Erleben, Wahrnehmen, Fantasie, experimentelles Verhalten sowie handwerklich-technische Fähigkeiten und Fertigkeiten sollten dabei spezifisch ausgeprägt werden.

- Die Urteilsfähigkeit der Schüler, ihr Qualitätsgefühl gegenüber der Eigenart und Wirkung druckgrafischer Werke aus Vergangenheit und Gegenwart werden vertieft.

- Verhaltenseigenschaften wie Ausdauer, Konzentration, Präzision, Sorgfalt sind im druckgrafischen Werkprozess erforderlich und deshalb besonders zu fördern.

- Die Fähigkeit der Schüler zu selbständiger Arbeit mit druckgrafischer Fachliteratur, z. B. mit künstlerischen Arbeitsheften oder Schülermaterialien, sollte entwickelt und vertieft werden.

- Die Schüler sollten zum Sammeln druckgrafischer Originale bzw. Erzeugnisse, zum Besuch entsprechender Ausstellungen (z.B. Grafischer Kabinette in Museen) und zur Anwendung der erworbenen Fähigkeiten in ihrem persönlichen Alltag motiviert werden (z.B. Glückwunschkarten, Einladungen, Exlibris o.a.).

- Kooperatives Verhalten, kommunikative Fähigkeiten, Partner-, Gruppen- und Projektarbeit sollten den Unterrichtsverlauf maßgeblich bestimmen.

2. Unterrichtshinweise

- Der Unterricht sollte schüler- und lebensbezogen konzipiert und gestaltet werden, an der Eigenart und Vielfalt der Druckgrafik der Gegenwart, aber auch der Vergangenheit orientiert sein und offen für neue Entwicklungen und Tendenzen bleiben.
- Nicht allein das bildnerische Resultat ist Ziel und Anliegen des Unterrichts, sondern zugleich ist es der Erwerb von bildnerischen Erfahrungen, von Einsichten und Verhaltensweisen im druckgrafischen Werkprozess. Entscheidende Bedingung dafür, dass die markierten Ziele und Gestaltungsaufgaben realisiert werden können, ist ein **dynamischer, offener Unterricht,** der die Schüler zu partnerschaftlicher Mitarbeit, zu selbständigem, eigenen bildnerischen Suchen, Erproben, Entdecken, Experimentieren herausfordert, der Versuche, Risiken und Irrtümer einschließt. Deshalb sollten Gestaltungsprobleme bildnerischer Inhalt-Form- Beziehungen das Kernstück der druckgrafischen Aufgaben bilden.
- Bei der Einführung in druckgrafische Aufgaben (Motivation) sollte vom Interesse der Schüler an kreativen, handwerklich-technischen Tätigkeitsformen, von ihren Alltagserfahrungen mit druckgrafischen Erzeugnissen wie Bücher, Illustrationen, Etiketten, Werbematerialien usw. ausgegangen werden. Hierzu gehört auch das Interesse an Vervielfältigungstechniken und ihren entsprechenden Effekten.
- Im Mittelpunkt des Unterrichts sollte das praktische Tun, das Erproben der Materialien und Techniken, das Sammeln von Erfahrungen stehen. Es sind zumeist mehrschrittige Arbeitsgänge zu vollziehen, die z.T. zeitaufwendig sind. Deshalb sollte genügend Zeit auch für experimentell-spielerische Phasen, für Orientierungs- und Erkundungsarbeiten eingeplant werden. Doppelstunden bieten dafür die besten Möglichkeiten.
- Immer aber sollte die praktische bildnerische Tätigkeit mit Rezeption und Reflexion verbunden werden (Betrachten von künstlerischen Vorbildern aus Vergangenheit und Gegenwart, von Schülerarbeiten, Vergleiche von Zustandsdrucken, Zwischen- und Endauswertung der Schülerergebnisse u.a.m.).
- Für die Vorbereitung und Durchführung des Unterrichts sind folgende Phasen zu beachten, die, in der Praxis meist eng verzahnt, auch anders kombiniert, erweitert oder akzentuiert werden können bzw. müssen und in diesem Sinne für alle folgenden Beispiele gültig sind: **1.)** Langfristige Vorbereitung. **2.)** Auswahl und Bereitstellung der Materialien und Werkzeuge (Was ist von den Schülern mitzubringen? Was stellt der Lehrer zur Verfügung? Welche Unterrichtsmedien sind notwendig?). **3.)** Vorbereitung der Arbeitsplätze, des Druckplatzes und des reibungslosen Arbeitsablaufes. **4.)** Suche nach Kooperationsmöglichkeiten mit anderen Fächern (z.B. Literaturunterricht, Arbeitslehre, Musik, Geschichte) und anderen Arbeitsbereichen des Kunstunterrichts (Schrift, Illustration, Buchgestaltung u.a.).

2.1. Zum Unterrichtsverlauf

1. Einführung, Motivierung, konkrete Aufgabenstellung: Anhand von traditionellen und aktuellen Kunstwerken, von Schülerbeispielen, auch anhand entsprechender Materialien und Werkzeuge wird konkret und anschaulich in die Eigenart und spezifische Wirkung der jeweiligen Technik eingeführt.

2. Erarbeiten der Bildmotive: Die Themenbereiche werden entweder festgelegt oder frei gewählt. Bildideen, Kompositionsentwürfe und Varianten für die wirksamste Aussage werden entwickelt. Dabei werden Eigenart und Wirkung der gewählten Verwirklichungsmittel bedacht (Zwischenauswertungen, individuelle Korrekturen).

3. Erkundungs- und Orientierungsphase: Die Techniken, das Material und die Handhabung der Werkzeuge werden anhand von Materialproben erkundet. Der Lehrer sollte in dieser Phase in der Regel zurücktreten und nicht zu sehr leiten, sondern genügend Freiraum für die Schüler offenhalten, damit sie ihre eigenen Erfahrungen sammeln können.

4. Realisierungsphase: Die Bildmotive werden auf den Druckstock übertragen bzw. der Bildgrund wird je nach Technik präpariert. Dabei sollte die Zeichnung nicht mechanisch übertragen, sondern für Steigerungen offen gehalten werden. Der Druckstock wird angefertigt (schneiden, ritzen, aufkleben usw.). Dann wird in das Drucken eingeführt (gute organisatorische Vorbereitung, Einwalzen, Färben des Druckstocks, Demonstration des Druckvorgangs, richtiges Abziehen des bedruckten Blattes usw., Erteilung und Ausführung von Schüleraufträgen). Je nach Technik erfolgt diese Einführung an besonders vorbereiteten Arbeitsplätzen oder am Schülerplatz.

5. Abschlussphase: Die Arbeiten werden gemeinsam betrachtet, ausgewertet und bewertet. Dabei werden erworbene Kenntnisse und Erfahrungen anhand der druckgrafischen Resultate verallgemeinert. Auch hier empfiehlt sich ein Vergleich mit künstlerischen Druckgrafiken (Kunstbetrachtung). Abschließend werden Arbeitsplätze, Materialien und Werkzeuge gesäubert. Die Druckergebnisse der Schüler werden getrocknet, gesammelt, sorgfältig aufbewahrt bzw. für Repräsentationszwecke präpariert.

3. Verfahren, Gestaltungsmittel und Kompositionsprinzipien des druckgrafischen Gestaltens

3.1. Verfahren

• Zu unterscheiden sind vier druckgrafische Verfahren: der **Hoch-**, der **Tief-**, der **Flachdruck** und der **Siebdruck** (Durchdruck). Wir beschränken uns in unserer Beispielsammlung auf ausgewählte druckgrafische Techniken der beiden ersten Verfahren, die ohne großen Material- und Zeitaufwand unter normalen Unterrichtsbedingungen durchführbar sind.

• Beim **Hochdruck** werden aus der Druckform (z.B. Holzplatte) diejenigen Formteile herausgeschnitten, die nicht abgebildet werden sollen. Die stehengebliebenen erhabenen Formteile werden abgedruckt.

• Beim **Tiefdruck** werden die zu druckenden Formen in eine Grundplatte eingegraben. In die entstandenen Vertiefungen wird Farbe eingedrückt. Saugfähiges Papier (Druckträger) bildet durch Druck die Formen ab.

Hoch- (obere Reihe), Tief- (Mitte) und Flachdruck (untere Reihe) im Vergleich
(Aus: A. Böhlich/A. Alfs, Mit Feder, Stift und Pinsel, Volk und Wissen Verlag Berlin, 1981)

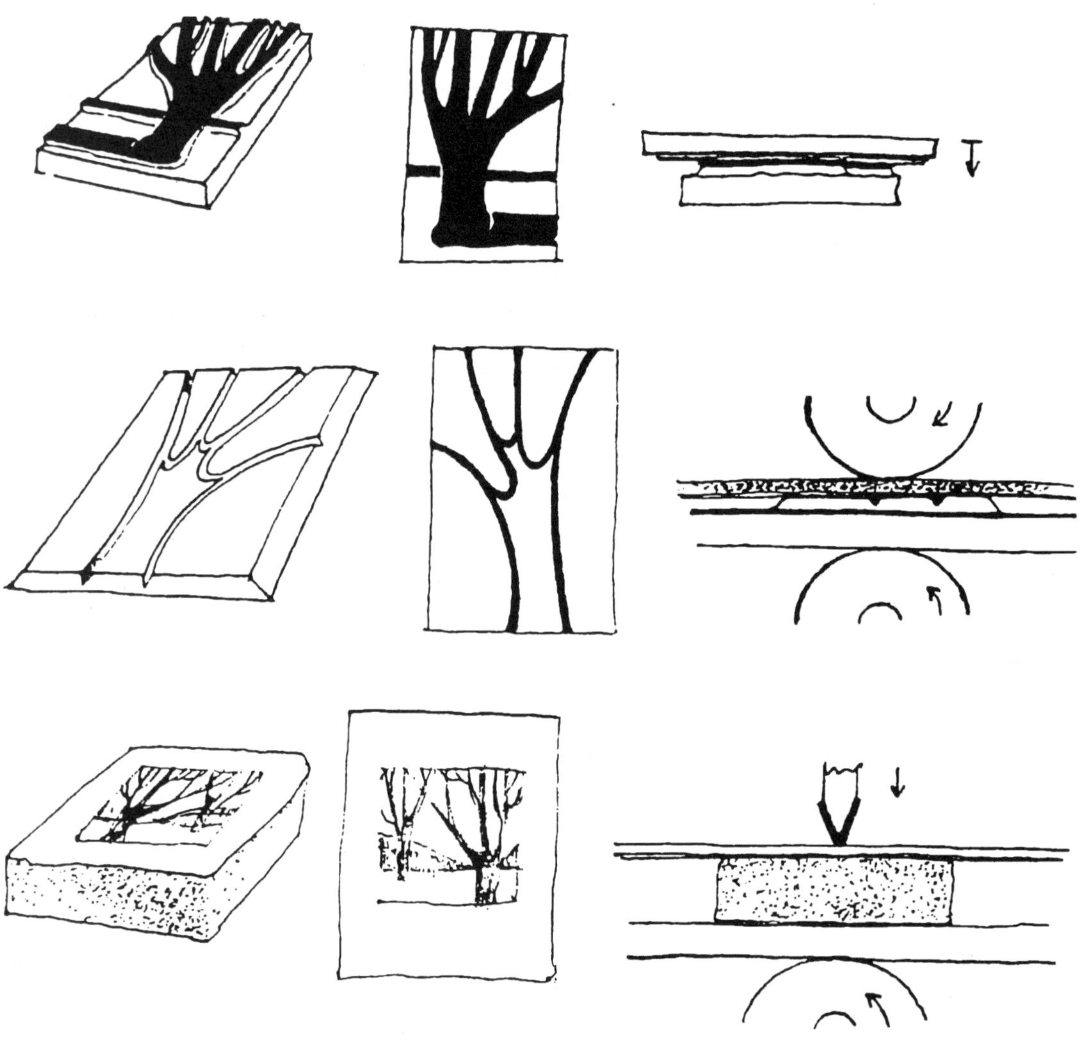

3.2. Gestaltungsmittel

Bei der Realisierung der künstlerischen Aussageabsicht bilden bei den *Hochdrucktechniken* die **Linie**, die **Fläche** und die **Struktur** (Hell-Dunkel), bei den *Tiefdrucktechniken* die **Linie**, der **Punkt** und die **Struktur** die grundlegenden Gestaltungsmittel. Sie werden jedoch kaum isoliert beim konkreten Gestalten angewendet, sondern überwiegend kombiniert. Um aber eine spannungsvolle Bildeinheit zu erreichen, ist es notwendig, dass (in der Regel) ein Gestaltungsmittel dominiert.
Alle genannten Gestaltungsmittel können mit den unterschiedlichsten druckgrafischen Materialien und Techniken realisiert werden. Sie besitzen neben ihrer dienenden Funktion aber auch einen sinnlichen Eigen- und Ausdruckswert, der im Hinblick auf die angestrebte Bildaussage bewusst einkalkuliert werden muss.

Linien
können an- und abschwellend, liegend, steigend oder fallend wirken, in der Form kurz oder lang, dick oder dünn, fest oder spröde, gerade, eckig oder geschwungen sein.

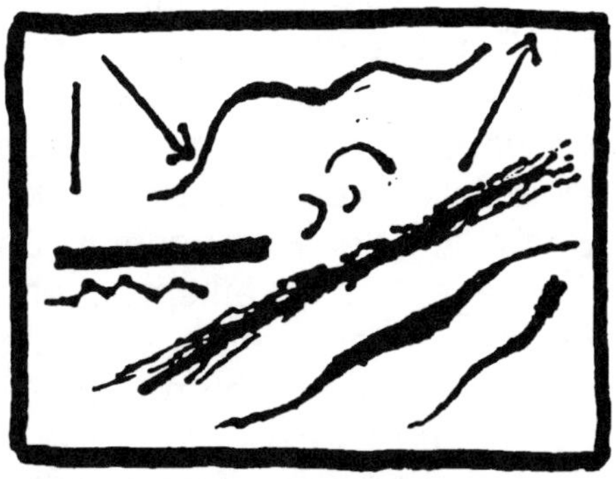

Flächen
können fest, in sich ruhend, blockhaft oder unruhig, zersplittert, breit gelagert, nach oben strebend, spitz, eckig, rund usw. wirken.

Strukturen
Durch unterschiedlichen Einsatz der Strukturelemente (kurze Striche, grafische Partikel, Häkchen, Punkte u. a., dicht oder weit, geballt oder zerstreut eingesetzt) können die Oberflächenbeschaffenheit, die Stofflichkeit der Objekte zur Wirkung gebracht, Formbeziehungen gegliedert, Hell-Dunkel Werte erzielt werden.

Mit den grafischen Gestaltungsmitteln kann man eine Vielzahl von **Kontrastwirkungen** innerhalb der Bildkomposition erreichen. Einige wesentliche sind:
groß-klein / rund-eckig / ruhig-bewegt / nah-fern / Teil-Ganzes / hell-dunkel / Linie-hell-dunkel / Linie-Struktur / Linie-Fläche

Drei Gestaltungsweisen bestimmen beim Linol- und Holzschnitt grundsätzlich den Bildaufbau:
Der **Linienschnitt**, der **Flächenschnitt** und der **Strukturschnitt**. Sie treten überwiegend mit je einem oder je zweien von diesen kombiniert auf. (Linienschnitt: z.B. S.39, Abb. 40, 42; S.47, Abb. 62; Flächenschnitt: z.B. S.39, Abb. 43; S.46, Abb. 57; Strukturschnitt: z.B. S.48, Abb. 63-65, S.49, Abb. 67; S.51, Abb. 72)

3.3. Kompositionsprinzipien

Die **Komposition** (Lat. componere = zusammensetzen, -fügen) - auch mit dem Begriff Bildordnung bezeichnet - ist das entscheidende Mittel, die beabsichtigte Wirkung überzeugend bildhaft zu realisieren und dem Betrachter mitzuteilen.
Es haben sich im Laufe der historischen Kunstentwicklung bestimmte **Grundtypen der Komposition** herausgebildet. Diese treten jedoch auch im konkreten druckgrafischen Gestalten in der Regel nicht in reiner, schematischer Form auf. Sie sind meist abgewandelt, mit anderen Ordnungsprinzipien verbunden und nicht immer „auf den ersten Blick“ als solche erfassbar.
Im Sinne einer optisch prägnanten Bildordnung, die den Betrachter auf die für die Aussage entscheidenden, wesentlichsten Formbeziehungen lenken will, ist es jedoch notwendig, dass ein **Kompositionsprinzip** den gesamten Bildaufbau bestimmt (siehe hierzu die folgenden Beispiele).
Bezüglich der Komposition und der Festlegung des Bildschwerpunktes und um ein der Aussageabsicht entsprechendes Verhältnis von Bildfigur und Grund, von Form und Format zu erreichen, sind die unterschiedlichen optischen Wertigkeiten und Wirkungen der linken und rechten Bildseite zu berücksichtigen.
Der **Bildschwerpunkt** sollte, von Ausnahmen abgesehen, nicht in die geometrische Mitte, auch nicht zu eng an die Seitenränder der Bildfläche gelegt werden. In der Bildmitte teilt er die Fläche in zwei spannungslose, optisch gleichwertige Bildzonen; am Rand wirkt er gequetscht, schafft er ein optisches Übergewicht der Randzone.
Der **Goldene Schnitt** dient deshalb auch in den meisten Kompositionen als Orientierung (vielfach unbewusst), um den Bildschwerpunkt spannungsvoll festzulegen.

Gustave Courbet • Die Steinklopfer
1849 • Öl auf Leinwand • 159 x 259 cm

Darunter links: Kompositionsskizze mit Hervorhebung der Grundkomposition (Goldener Schnitt, Hauptbewegungsrichtung)

Rechts: Kompositionsskizze mit den wichtigsten Hell-Dunkel-Gegensätzen

(Aus: Bild- und Leseheft für die Kunstbetrachtung „Arbeiter und Bauern im Bild“, Verlag Volk und Wissen Berlin, 1977, S.10)

Rhythmische Reihung
(auch mehrfach)

Vertikale Richtungsbetonung:
aufstrebend

Horizontale Richtungsbetonung:
Ruhe, Wohlgefallen

Kreisförmige Komposition

Pyramidale Komposition

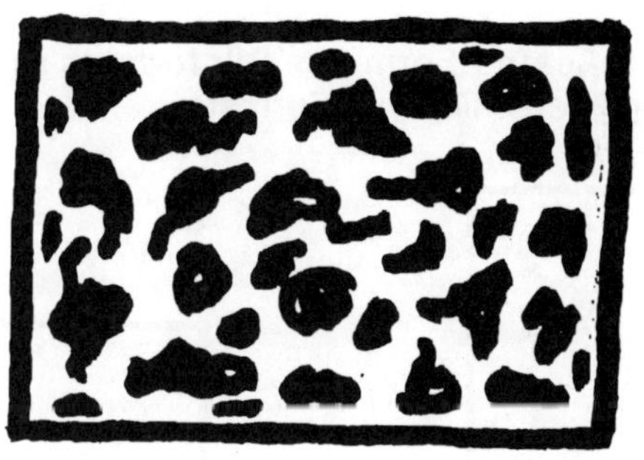

Virtuelle Balance: gleichmäßig durchgehende Gliederung ohne Akzente

Diagonale Richtungsbetonung:
bewegt, aufsteigend

Diagonale Richtungsbetonung:
bewegt, fallend, absteigend

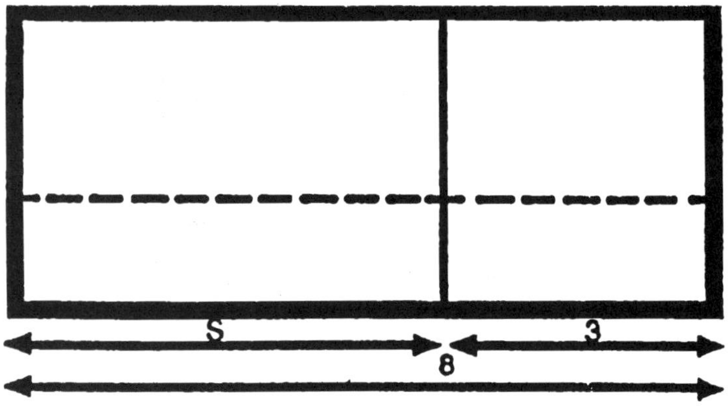

Der **Goldene Schnitt:** Der kleine Teilabschnitt einer Linie (Fläche) verhält sich zum größeren wie dieser zur ganzen Linie (Fläche).

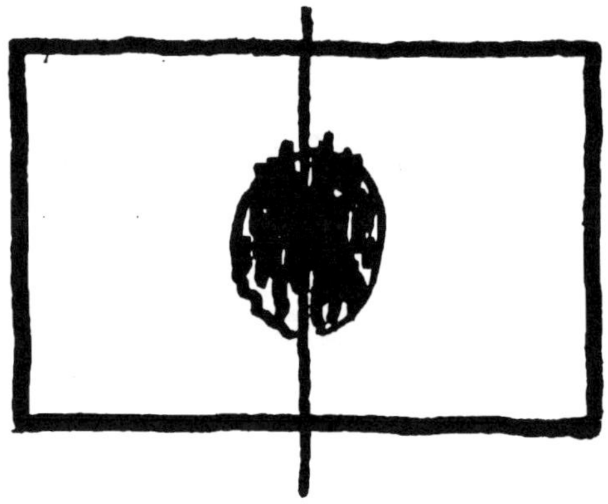

Bildschwerpunkt in der geometrischen Mitte

Der **Bildschwerpunkt** wird durch den Kontrast von Hell zu Dunkel bzw. von Dunkel zu Hell gebildet.

Auch die **Größe und Form des Bildformats** sind Komponenten der Bildkomposition. Eigenwirkung verschiedener Formate:

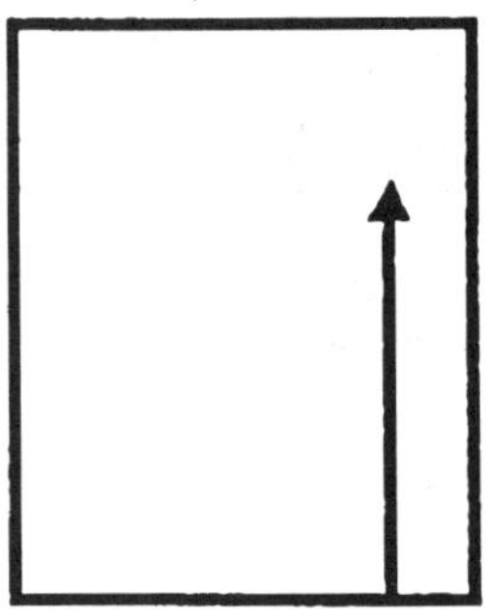

Hochformate bewirken vertikale Richtungsbetonung und -bewegung: aufstrebend, aufsteigend.

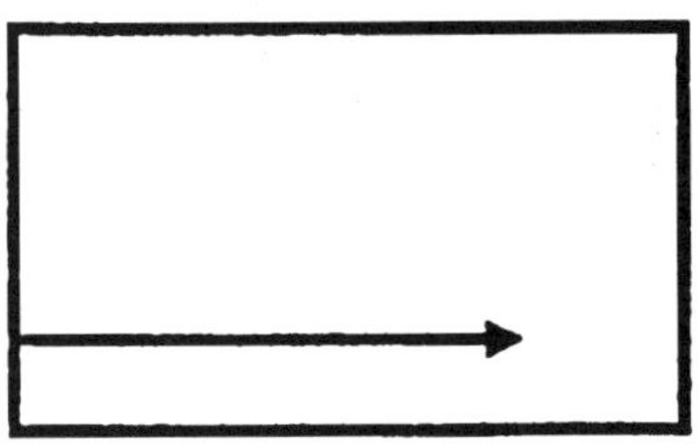

Breitformate bewirken horizontale Richtungsbetonung und -bewegung: breitgelagert, behäbig.

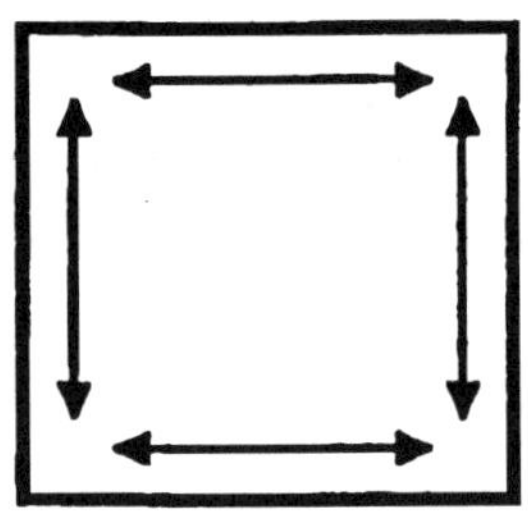

Quadratische Formate wirken richtungslos, fest, in sich ruhend, neutral.

Die Wirkung der Form in unterschiedlichen **Ortslagen auf der Bildfläche**:

Schüleraufträge

Betrachte und vergleiche druckgrafische Arbeiten von Künstlern und stelle die angewendeten grafischen Gestaltungsmittel und Kompositionsprinzipien fest!

Welche dieser Prinzipien bestimmen den Bildaufbau, welche anderen Prinzipien sind (mit diesen kombiniert) noch eingesetzt?

Welches Bildformat hat der Künstler ausgewählt? Begründe die Wahl!

In welchem optischen Verhältnis steht der Bildschwerpunkt zum Format (Bildfigur-Grund-Verhältnis)? Mit welchen Mitteln und wie hat der Künstler den Bildschwerpunkt gebildet?

4. Literaturempfehlungen

- Klaus Kowalski: „Druckgrafik", Arbeitsheft und Lehrerheft. Ernst Klett Schulbuchverlag Stuttgart, 1991
- Roland Berger / Josef Walch: „Praxis Kunst • Druckgrafik". Schroedel Schulbuchverlag Hannover, 1996
- „Grundsteine Kunst 1". Ernst Klett Schulbuchverlag Stuttgart, 1992
- „Schülerduden: Die Kunst", Bibliografisches Institut Mannheim / Wien / Zürich, 1983

5. Frottage (Durchreibeverfahren, ca. 1-3 Std.)

5.1. Vorbemerkung: Es handelt sich bei den folgenden Beispielen zur Frottage, zum Materialdruck, zur Monotypie und zum Kartondruck um relativ einfach zu handhabende Hochdrucktechniken. Sie besitzen bildnerischen Eigenwert, zumeist in Form von Unikaten, eignen sich jedoch auch sehr gut als Übungstechniken, als Einführung in die Eigenart der klassischen Hochdrucktechniken wie des Linoldrucks, des Holzschnittes sowie der Tief- und Flachdrucktechniken. Sie ermöglichen in effektiver Weise Einsichten und Erfahrungen bezüglich elementarer bildnerischer Prinzipien, Gesetzmäßigkeiten und Techniken bzw. der Gestaltungsmittel Linie, Struktur, Hell-Dunkel des Druckens. Sie wecken und fördern den Sinn und die Sensibilität für druckgrafische Materialien, Arbeitsprozesse und Qualitäten. In diesem Sinne sollten sie zur Vorbereitung komplexer druckgrafischer Arbeiten in die Unterrichtsplanung bewusst einbezogen werden.

5.2. Material/Technik: Es eignen sich alle Materialien aus Natur, Technik oder Konsumwelt, die besonders interessante Formen und Oberflächenstrukturen aufweisen (Textil-, Papp- oder gerauhte Tapetenreste; Holz-, Dielen- oder Steinflächen; geprägte Kunststoff- oder Metallstücke; Blätter, Gräser, Federn u.ä.m.). Auf die abzudruckenden Teile wird Papier gelegt. Von der Oberseite her werden mit weichem Bleistift (B2,3) oder mit Graphit, Wachskreide, auch mit Druckfarbe (Drucktampon) die darunter liegenden erhabenen Formen oder Strukturen durch mehr oder weniger starken Druck abgerieben, so dass das Papier nicht aufgerissen und der grafische Abrieb sichtbar wird. Geeignet sind Schreib- oder Kopierpapiere, dünner Zeichenkarton, Vorsatzpapiere, Büttenpapiere, u.U. Seidenpapier.

5.3. Unterrichtshinweise: Das Frottageverfahren kennen die Schüler vom Durchreiben von Münzen. Das wäre ein Anknüpfungspunkt. Zunächst sollten die Oberflächenstrukturen der unterschiedlichsten Materialien mittels der Frottage untersucht werden. Die Schüler werden über den Reichtum und die Vielfalt grafischer Werte und Reize erstaunt sein. Solche bildnerischen Entdeckungen können durch Tasten oder Fühlen mit Hand und Fingern bekräftigt und bereichert werden. Die auf diese Art gesammelten grafischen Strukturwerte können dann - ausgeschnitten bzw. gerissen - als eine Art Collagebausteine oder -elemente zu neuen gegenständlichen oder ungegenständlichen Bildzusammenhängen kombiniert und aufgeklebt werden. Dabei sind Kontraste der Form, der Dichte, der Richtung und der Strukurwerte im Sinne der bildnerischen Absicht anzuwenden. Je nach bildnerischer Absicht können vorher knappe lineare Kompositionsskizzen für die Bildmotive angefertigt werden (als Grundgerüst für die Montage).

Als mögliche Aufgaben bieten sich an:
- Spurensuche auf dem Schulhof, im Schulhaus, im Klassenzimmer, in der häuslichen Wohnung;
- Kombination von Natur- und Technikmaterialien;
- thematisch bestimmte Montagen oder Kombinationen, wie z.B. Landschaft (u.a. Fantasielandschaft), Stillleben oder Architektur.

Kunstbetrachtung: Max Ernst, Histoire naturelle, Frottagen, 1925

5.4. Beispiele:

Abb. 1: Frottageproben von unterschiedlichen Materialien, Kl.8 / **Abb. 2:** „Landschaft" Collage aus unterschiedlichen Frottageteilen, Kl.8 / **Abb. 3:** Die Schüler haben Materialien mitgebracht; lineares Blindzeichnen; unter den entstandenen Formfeldern werden entsprechende Materialien Stück für Stück abgerieben, Kl.6 / **Abb. 4:** Unterschiedliche Texturen und Hell-Dunkel-Werte dienen als „Bausteine" für Architekturdarstellungen, Kl.8 / **Abb. 5/6:** freie Themen- und Motivwahl; Arbeitsablauf wie bei Abb. 4, Kl.8

Abb.1

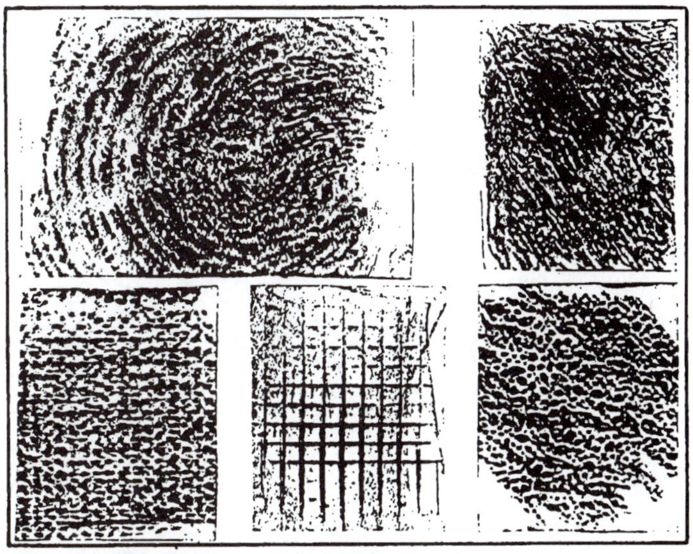

Abb.2

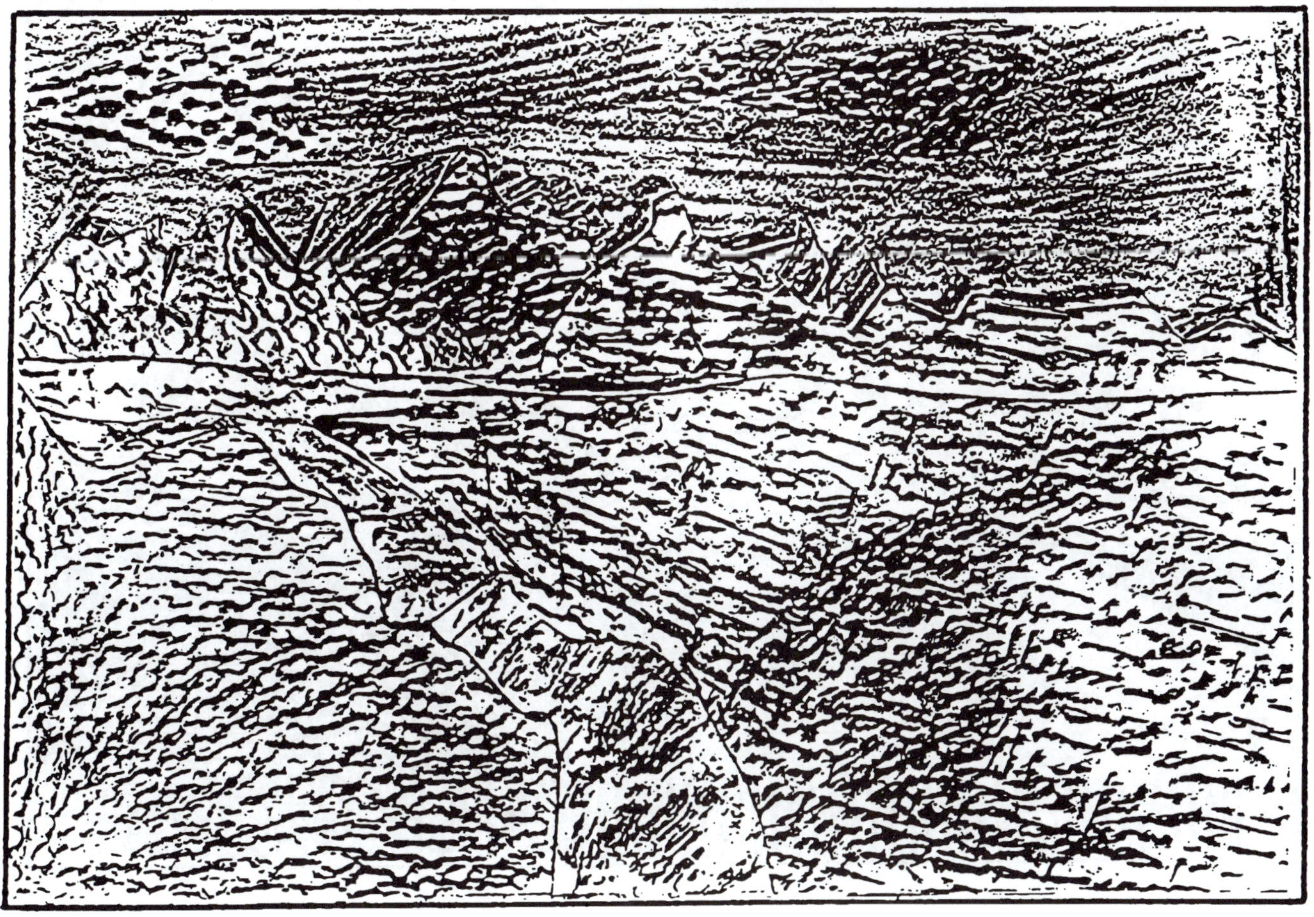

Abb.3

Abb.4

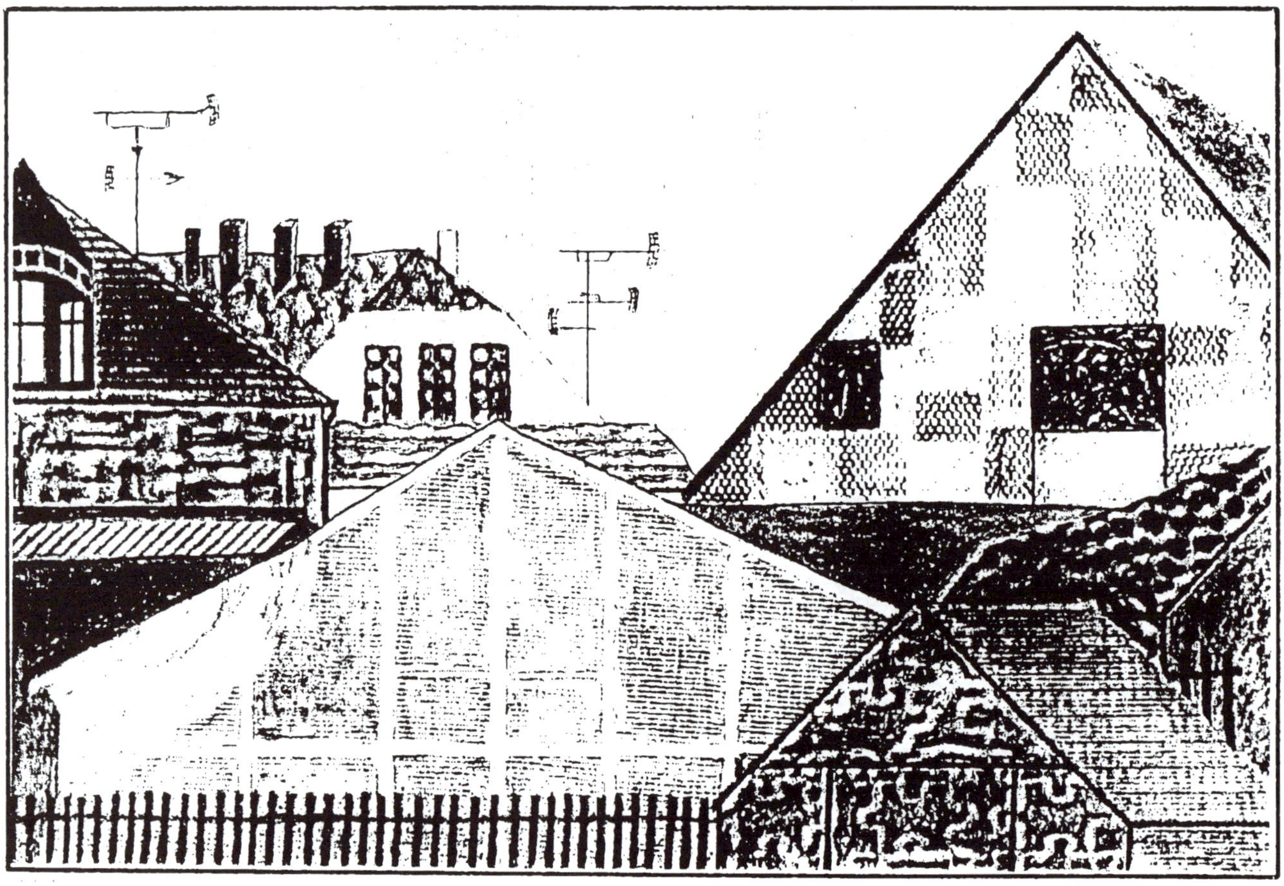

Abb.5

Abb.6

6. Materialdruck (ca. 1-2 Std.)

6.1. Material/Technik: Alle für die Frottagetechnik empfohlenen Materialien eignen sich auch für den Materialdruck. Blätter oder Pflanzen sollten vor dem Druck etwas gepresst werden. Weiterhin werden benötigt: Öl- oder Druckfarben, Walze, Deckfarben, Tuschen, Plakatfarben, Breitpinsel, Wasserdruckfarbe (Japan-Aqua). Die Papierwahl ist fast unbegrenzt. Zu empfehlen sind Zeichenkarton, Pappe, Schreibmaschinenpapier, Seidenpapier, auch getönte Papiere. Die ausgewählten Gegenstände werden mit Farbe eingewalzt (u.U. auch mit Pinsel bestrichen) und auf eine Papier- oder Pappfläche aufgedrückt. Es entsteht ein seitenverkehrter Abdruck.

6.2. Unterrichtshinweise: Der Druck kann mit der Hand oder in der Presse erfolgen. Es wird empfohlen, zunächst mit Einzeldrucken ausgewählter Materialien zu beginnen, damit die Schüler das Einfärben der Materialien (nicht zu viel Farbe, die überquillt, aber auch nicht zu wenig) und das Drucken erproben können. Daran können sich Aufgaben anschließen, die aus mehreren, auch unterschiedlichen Materialien ein komponiertes Ensemble bilden, in dem der Reiz unterschiedlicher Material- und Formkontraste oder Strukturwerte „ausgespielt" wird. Zunächst werden die ausgewählten Materialien eingewalzt, eingefärbt (auch mit Pinsel möglich). Sie bilden grafische Formelemente, mit denen die Schüler auf der Papierfläche durch unterschiedliche Kombinationen, durch Verschieben oder Verändern bildnerische Wirkungen und mögliche Bildkompositionen experimentell erkunden. Auch durch die Collagetechnik kann ein Bildganzes erzielt werden. Das gesamte eingefärbte Objektensemble wird zum Schluss auf der Grundfläche arrangiert, eine Papier- bzw. Pappfläche darübergelegt und mit der Hand, mit der Walze bzw. mit der Presse der Abdruck vollzogen.

6.3. Beispiele: Abb. 7: Abdruck eines Holzstückes / **Abb. 8,9:** Mit Tusche eingewalzte, z.T. mit dem Pinsel eingefärbte Pflanzen, Kl.6 / **Abb. 10:** Eine Kombination aus eingefärbtem, geschnittenem Seidenpapier und einem Textilrest sowie Pinselschablone, Kl.6 / **Abb. 11:** Eingewalzte Architekturteile aus Pappe wurden zusammengestellt und nach dem Druck auf dünnem Durchschlagpapier durch Binnenzeichnung bereichert, Kl.5 / **Abb. 12a und b:** Geknitterte Alufolie (oder geknittertes Seidenpapier) wurde eingefärbt und abgedruckt. Es entstanden differenzierte Hell-Dunkel-Strukturen, die in ein gegenständliches Motiv umgedeutet wurden, Kl.10 / **Abb. 13a und b:** Ausgangspunkt dieser Arbeiten war das freie, planlose Spiel mit eingefärbten Stoffresten und zerfransten Textilien. Aus dem absichtslosen Probieren entstanden allmählich die Formen eines Fisches, Kl.10 / **Abb. 14:** Komposition „Frösche im Schilf". Zusammengerollter Stoff wurde abgedruckt; dabei entstanden Assoziationen zu Froschaugen und lösten den absichtsvollen Einsatz unterschiedlicher Materialien aus, Kl.10

Abb.7

Abb.8

Abb.9

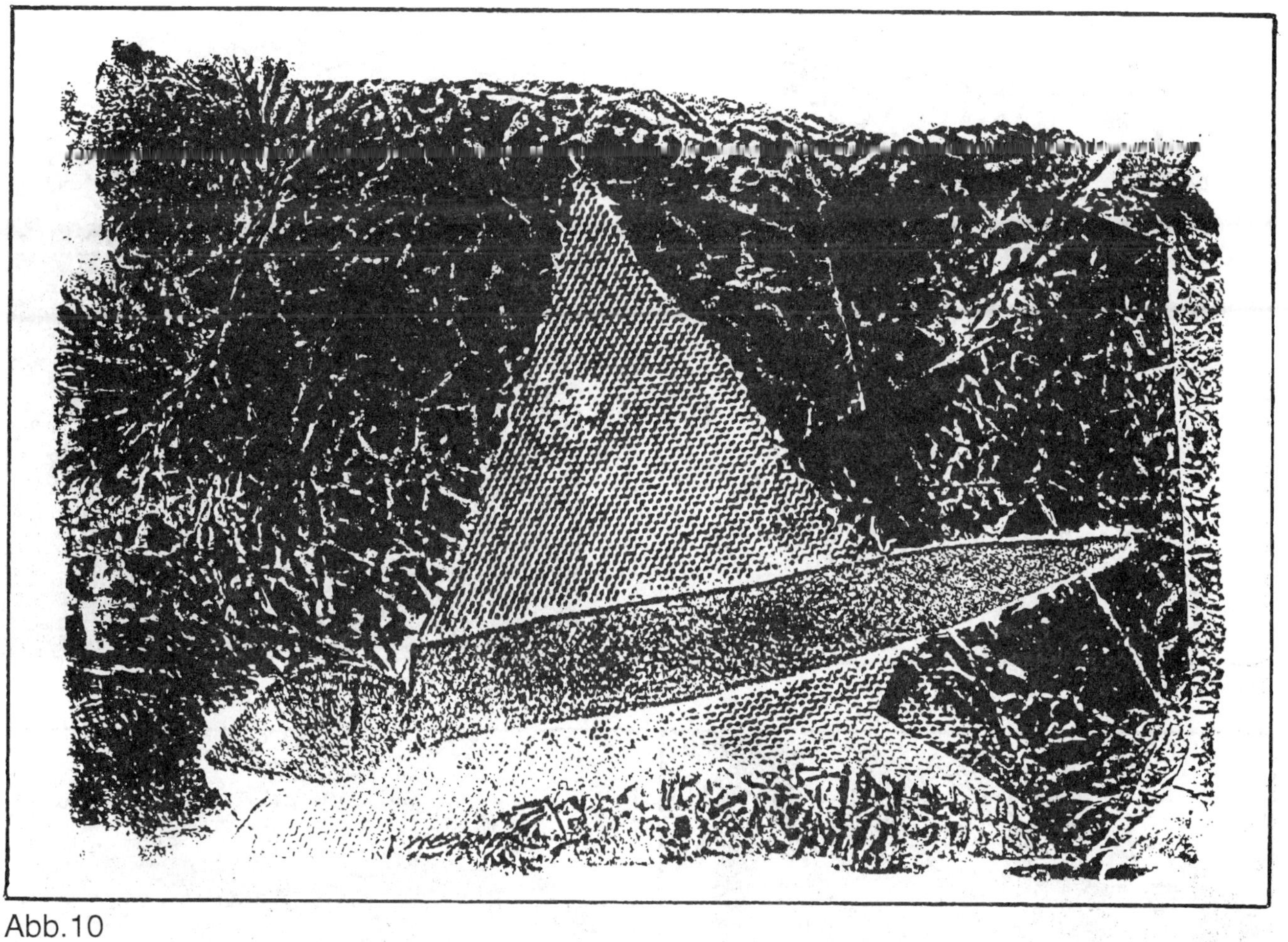

Abb.10

Abb.11

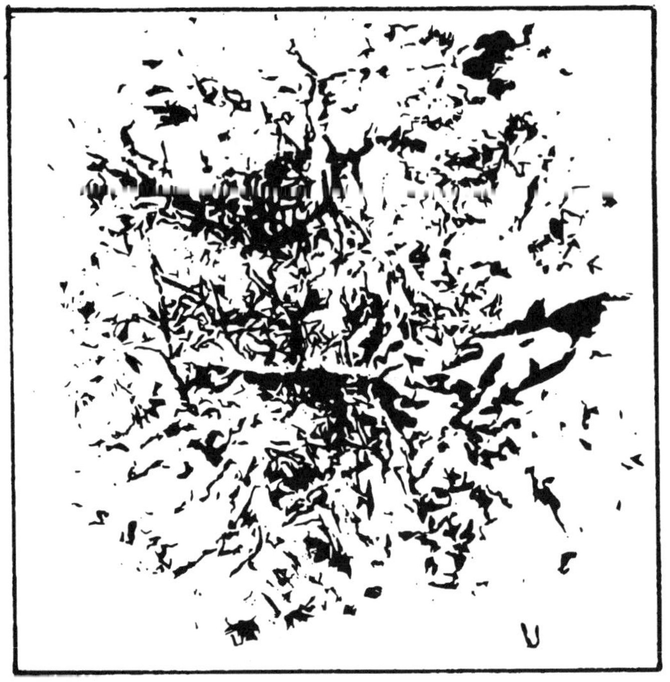

Abb.12a

Abb.12b

Abb.13a

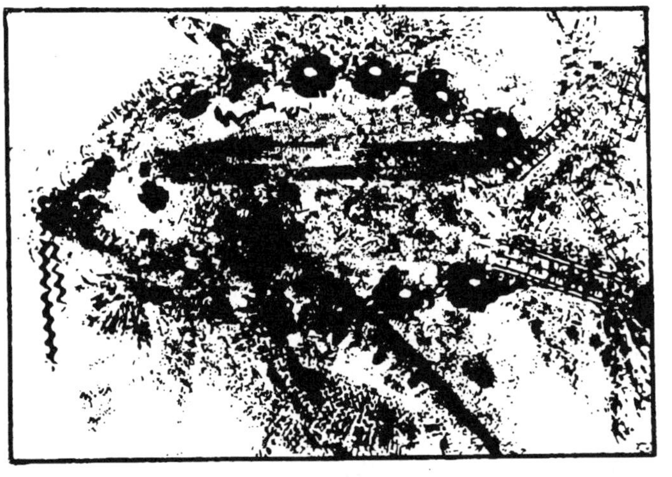

Abb.13b

Abb.14

7. **Monotypie** (ca. 1-3 Std.)

7.1. Material/Technik: Man kann die Monotypie (griech. „Ein-Druck") als eine Zwischenform von Malerei, Zeichnung und Druck bezeichnen. In der Regel entsteht bei dieser Technik nur ein Abdruck (Unikat). Als Druckformen eignen sich Platten aus Glas, Kunststoff, Pressspan, Zink- oder Kupferblech, Hartgummi, Linoleum o.ä. Es können Druckfarben, Tempera- oder Ölfarben, Japan-Aqua (Wasserdruckfarbe) oder mit Tapetenkleister angerührte Farben verwendet werden. Außerdem benötigt man Gummiwalzen und andere Geräte wie Pinsel, Bleistift, Kugelschreiber, Pappstreifen, Lappen o.ä., z.B. zum Zeichnen, Kratzen, Schaben oder Wischen und unterschiedliche Natur- und Technikmaterialien zum Drucken. Die Druckträger (Papiere) sollten nicht zu stark geleimt sein; es eignen sich Hochglanzpapiere, Schreib-, Kopier- und Werkdruckpapier, Zeichenkarton, Ingresbütten oder farbige Tonpapiere.

7.2. Drucktechnisches Verfahren: Auf eine nicht saugende und abwaschbare Druckplatte, die zugleich Druckform und Farbträger ist, wird das Bildmotiv mit Farbe und Pinsel, mit dem Spachtel oder mit den Fingern aufgetragen. Auf die Farbschicht wird ein Bogen Papier gelegt, mit Hand- oder Pressendruck aufgepresst und abgezogen. Es entsteht so ein spiegelverkehrter Abdruck des Motivs. Je nach Konsistenz des Farbauftrags, der Papierart und der Druckstärke erhält man unterschiedliche Farb- und Formstrukturen bzw. bildnerische Effekte. Diese können den Reiz des Motivs erhöhen, neue fantasievolle Varianten anregen, jedoch auch störend wirken. Die Schüler sollten deshalb Gelegenheit erhalten, vielfältige Versuche anzustellen und Wirkungen auszuprobieren. Die entstandenen Abdrucke können durch Hineinzeichnen oder -malen weiter bearbeitet werden. Mehrmaliges Probieren und Drucken ist dann geboten, um ein der angestrebten bildnerischen Absicht entsprechendes Resultat zu erreichen.

7.3. Varianten:
a) Ein z.B. mit der Gummiwalze auf die Druckplatte aufgetragener Farbfilm kann durch Einritzen von Linien oder Strukturen, durch Schaben, Kratzen (z.B. mit Pappstreifen), durch Aufsetzen, Aufspritzen weiterer Farben, durch aufgepresstes strukturiertes Material, auch durch Verdünnen der Farben je nach gestalterischer Absicht und spontanen Inspirationen weiter verändert werden (**Abb.15**, Kl.7). Beim Abdrucken entstehen dann sowohl gegenständliche als auch ungegenständliche Form- und Farbzusammenhänge. Diese können nachträglich absichtsvoll bearbeitet werden (**Abb.27**, Monotypie des Autors).
b) Auf die Druckplatte aufgetragene Farbe (z.B. Aquarell- oder Deckfarbe, farbige Tusche) wird abgedruckt. Die entstandenen Formstrukturen werden z.B. mit Feder und Tusche in konkrete Motive umgewandelt (**Abb.17**: "Landschaft mit Bäumen") oder thematisch gedeutet (**Abb.18**: „Fließende Bewegungen", **Abb.19**: „Ein großes Gewitter", **Abb.20**: „Abenddämmerung"; alle Arbeiten Kl. 7). Bei **Abb. 21** (Kl.5) wurde das Thema „Das Dorf mit dem blauen Baum" und bei **Abb.22** (Kl.6) das Thema „Eine Baumgruppe" vorgegeben. Die **Abb.23 und 24** entstanden nach dem Rahmenthema „Landschaft" (Kl.9).
c) Auf eine eingewalzte Farbschicht wird vorsichtig ein Bogen Papier gelegt. Mit Bleistift, Kugelschreiber, Holzstäbchen u.ä. wird die beabsichtigte Zeichnung durchgedrückt. Sie erscheint dann spiegelverkehrt (**Abb.25**, Kl.9). Anstelle einer Farbschicht kann auch Kohlepapier in verschiedenen Farben verwendet werden (Kohlepapier-Monotypie). Das Blatt mit der Zeichnung wird auf das Kohlepapier gelegt und die Zeichnung durchgedrückt (**Abb.16**: „Komposition mit Muscheln"; dazu Übungsblätter und Tafelzeichnung zu Kontrastmöglichkeiten).
d) Auch die **Decalcomanie** (Abklatschverfahren) gehört zu den Varianten der Monotypie. Mit unterschiedlichen Farbsubstanzen (Mischung von Tapetenleim und Farbe, aber auch mit Druckfarbe, Temperafarbe, mit Tuschen und Tinten) wird die Druckfläche bedeckt, ein Bogen Papier daraufgepresst und abgezogen. Es entsteht so - durch drucktechnische Zufälle bedingt - ein reich strukturierter, die Fantasie anregender „Abklatsch". Dieser kann dann auch zu weiteren bildnerischen Varianten anregen (**Abb.26**, Kl.8).

7.4. Kunstbetrachtung: Beispiele von Oscar Domínguez, Max Ernst, Rolf Nesch; auch Körperabdrucke von Yves Klein

7.5. Beispiele:

Abb.15

Abb.16

Abb.17

Abb.18

Abb.19

Abb.20

Abb.21

Abb.22

Abb.23

Abb.24

Abb.25

Abb.26

Abb.27

8. Kartondruck (ca. 2-3 Std.)

8.1. Material/Technik: Kartons verschiedener Stärken, auch Zeichenkarton, dünner Karton (z.B. Deckblätter von Schnellheftern oder überlagerter Fotokarton), bei größeren Auflagen Kunststoff-Folien sind empfehlenswert. Andere Materialien (wie z.B. dünne Gewebe, Gaze oder verschiedenartige Textilien) können einbezogen werden. Man benötigt außerdem Scheren, Messer, Klebstoff, Bleistifte, spitze Geräte zum Einritzen; Falzbeine, Löffel oder eine Handpresse zum Drucken. Als Grundplatte (Druckstock) wählt man starke Pappe, eine Hartfaserplatte oder auch eine Kunststoff-Fläche. Beim Kartondruck kann man die gleichen Farben wie beim Materialdruck verwenden (siehe S.19). Aus Zeichenkarton oder anderem dünnen Karton - auch aus anderen Materialien (z.B. Textilresten) - werden die einzelnen Formen ausgeschnitten und auf der Grundplatte zur beabsichtigten Bildform zusammengelegt und aufgeklebt. Die so entstandene Druckplatte wird mit Farbe eingewalzt. Entweder wird dann der Druckstock auf ein Blatt gelegt und von der Rückseite her durch Hand- oder Pressendruck das Bildmotiv gedruckt oder es wird auf den Druckstock ein Blatt gelegt und mit Löffel, Falzbein oder Walze ein Abdruck hergestellt. Die erhabenen Formen werden gedruckt, an den Rändern entstehen dabei weiße oder graue Kanten bzw. Zonen, die als wichtige kompositorische Elemente beim Bildentwurf und beim Drucken einzukalkulieren sind.

8.2. Unterrichtshinweise: „Die wohl rationellste druckgrafische Technik für den Unterricht ist mit dem Kartondruck gegeben. Ohne äußerlichen Aufwand wird Zeichenkarton in einer oder mehreren Schichten zur Druckplatte, die - eingewalzt - einen Abdruck ermöglicht. Bereits in der Unterstufe anwendbar, ermöglicht die Technik auch älteren Schülern durch Einbeziehung unterschiedlich starker oder strukturierter Papiere einen unbegrenzten Variationsreichtum. Größere Platten können in Kollektivarbeit entstehen - ein Vorteil auch für den Druckvorgang, weniger Platten pro Klasse bewältigen zu müssen." (Bernd Wittwer: Grafisches Gestalten, Leipzig 1983, Pädagogische Lesung) In diesem Sinne ist der Kartondruck besonders geeignet, als Vorarbeit in Prinzipien und Gestaltungsmöglichkeiten des Linoldrucks und des Holzschnitts einzuführen und die Schüler mit der Organisation bildhaft-prägnanter Schwarz-Weiß-Beziehungen und des Bildfigur-Grund-Verhältnisses vertraut zu machen. Ebenso kann man einen großen Variantenreichtum sowohl durch unterschiedlichste Bearbeitung der Oberfläche des Kartons als auch durch die Einbeziehung anderer Materialien erreichen.
Folgende Arbeitsschritte sollten beachtet werden (vgl. auch Unterrichtshinweise S.7):

1. Einführung, Erläuterung des Kartondruckes; Vereinbarung der zu gestaltenden Themen oder Motivbereiche bzw. freie Wahl derselben. In den unteren Klassen (5. oder 6.Klasse) sollten zur Einführung thematisch und formal eingegrenzte Aufgaben gestellt werden, die auf einfache Formen mit klarem Umriss orientieren (vgl. **Abb.28** und **29**).
2. Die Schüler fertigen lineare Bildentwürfe und Kompositionsskizzen an, werten sie aus und nehmen ggf. Korrekturen vor. Sie schneiden frei mit der Schere Formteile aus und erproben Formzusammenhänge.
3. Das vorbereitete Material wird zusammengestellt bzw. die Bildteile werden nach den Entwurfsskizzen mit Schere oder Messer ausgeschnitten und auf der Grundplatte arrangiert; dabei können Teile auch verändert, verschoben und so geordnet werden, dass ein spannungsvoller Bildzusammenhang entsteht.
4. Der Druckstock wird hergestellt, indem die Bildteile aufgeklebt und mit Farbe eingewalzt werden. Dabei wird die Farbmenge so gewählt, dass eindeutige Drucke entstehen und die Farbe nicht über die Pappkanten quillt.
5. Abschließend wird mit Hand, Löffel, Falzbein oder Handpresse gedruckt. Es sollten möglichst mehrere Probedrucke entstehen, um - wenn nötig - Korrekturen der Druckstöcke oder der Farbkonsistenz vornehmen zu können.

8.3. Beispiele:

Abb.28: Alle Schüler einer 6.Kl. gestalten einen Hahn.

Abb.29: Rahmenthema „Pflanzen- oder Blumenstillleben“, Karton- und Textilteile kombiniert, Kl.5

Abb.30: Straßenmotiv, dekorative Reihung. Die Einzelformen konnten zwischen den Schülern ausgetauscht werden. Kl.6

Abb.31: Dorfansicht, Kl.7

Abb.32: Herbstlicher Baum, Kl.7

Abb.33: Landschaft mit Bäumen, Kl.7. Bei den Abb.32 und 33 wurden Kartonformen mit textilen Geweben (Gaze-Raster) kombiniert und Binnenlinien in die Pappe eingeritzt, d.h. Elemente des Pappritzdruckes angewendet.

Abb. 34: Gefäßstillleben. Einige Formteile sind übereinander geklebt. (Druckfarben: Schwarz, Rotbraun), Kl.9

Abb.35: Freie Komposition aus geometrischen und figürlichen Formen, hergestellt aus glatten und gerasterten Pappformen mit eingeritzten Linien, Kl.9

Abb.:36: „Cello“, gedruckt mit versetzten Druckformen, Kl.10

Abb.37 u. 38: Komposition aus geometrischen Grundformen, z.T. übereinander geklebt, Kl.10

Abb.39: Kombination von Kartondruck und Spritztechnik (Schablonen, Zahnbürste, Sieb, Farbe), Kl.8

Abb.28

Abb.29

Abb.30

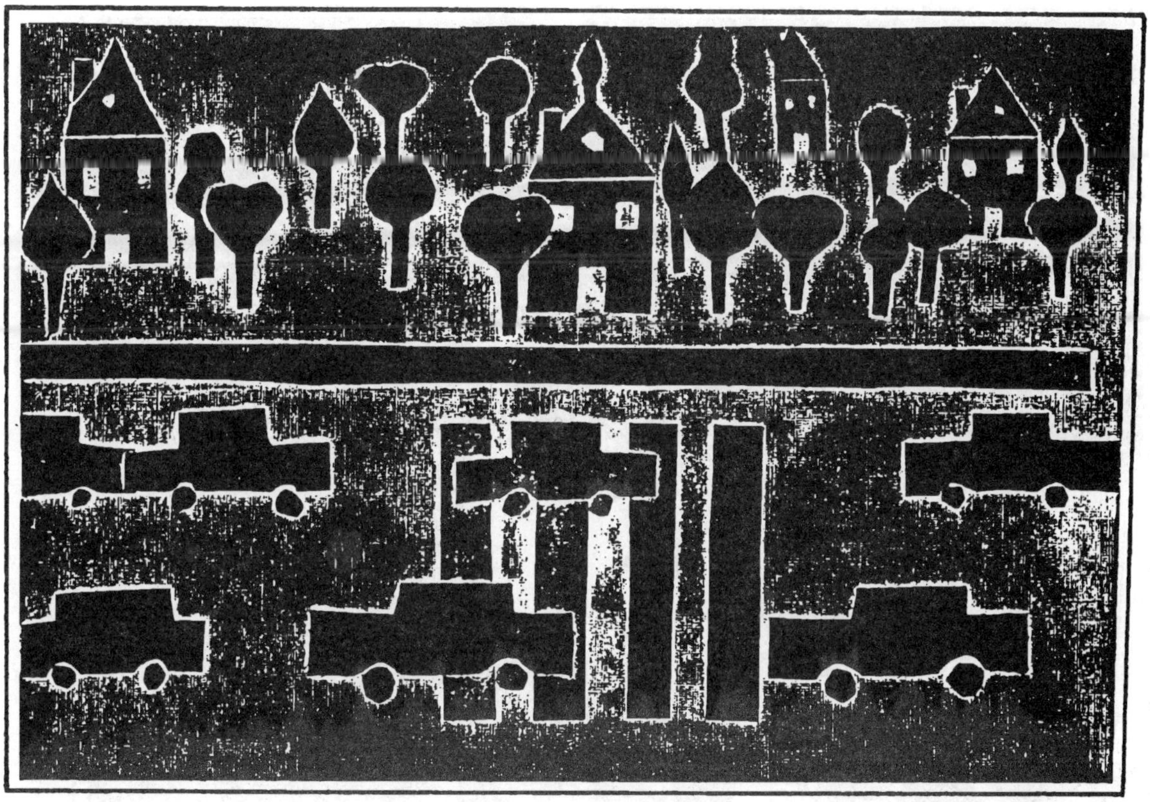

Abb.31

Abb.32

Abb.33

Abb. 34

Abb. 36

Abb.35

Abb.37

Abb.38

Abb.39

9. Linoldruck (ca. 3-4 Std.)

9.1. Material/Technik: Als Druckstock eignen sich die im Handel angebotenen Kunststoffplatten, Fußbodenbeläge, Kunststofffliesen oder ähnliche Materialien. Echtes Linoleum, gepresst aus einer Leinöl-Kork-Mischung, das früher sehr gebräuchlich war, ist heute kaum noch in dieser Form zu erhalten. Geeignete Farben sind Linoldruck- oder Buchdruckfarbe. Zum Drucken werden weiterhin benötigt: Farbwalze, Farbplatte, Farbmesser, Farbspachtel; Verdünnung und Putzlappen; Falzbein, Handreiber oder Löffel; Gummiwalze für den Handabzug oder eine Druckpresse. Für den Bildentwurf und dessen Übertragung auf den Druckstock benötigt man Papier oder Zeichenkarton; Bleistift, Pinsel, Zeichenfeder oder schwarzen Filzstift; Tusche oder Deckfarbe, Deckweiß, Transparentpapier; Talkum, Schneiderkreide; Zeichenkohle, Graphit oder schwarze Kreiden. Papiere, auf die gedruckt wird, sollten wenig oder gar nicht geleimt sein und eine nicht oder wenig strukturierte Oberfläche haben (z.B. Kopier- oder Schreibmaschinenpapier, glatter Zeichenkarton); sie können auch getönt oder gefärbt sein. Für Probedrucke kann unbedrucktes Zeitungspapier, für gute und besonders gelungene Arbeiten Japan- oder Similipapier verwendet werden. Zum Schneiden des Druckstockes sind für die Schule geeignete Linolschnitt-Garnituren zu empfehlen; zumindest benötigt man einen Geißfuß, ein schmales und ein breites Hohlmesser und ein Grundmesser.

Bearbeiten des Druckstockes/Druckvorgang: Aus dem Druckstock werden jene Teile herausgeschnitten, die nicht drucken sollen. Dabei ist unbedingt darauf zu achten, dass die Schneidwerkzeuge vom Körper bzw. von der Hand, die den Druckstock hält, weggeführt werden, damit beim eventuellen Ausrutschen keine Verletzungen entstehen. Vor dem Einwalzen wird der Druckstock mit dem trockenen Pinsel oder durch Abpusten von Resten gesäubert.
Der Tisch, auf dem eingewalzt oder gedruckt werden soll, ist vorher mit Zeitungspapier abzudecken. Die Druckfarbe aus dem Farbbehälter bzw. der Tube wird mit einem breiten Messer oder dem Spachtel auf die Farbplatte (z.B. Glasplatte o.ä.) aufgetragen und mit der Farbwalze zu einem gleichmäßigen Farbfilm „schlank" gewalzt. Von dort kann dann mehrmals die Farbe mit der Walze aufgenommen werden. Die stehengebliebenen, erhabenen Teile des Druckstockes werden damit - wiederum gleichmäßig - eingewalzt. Der Druckvorgang kann als Handabzug (Reibedruck) oder als Handpressendruck erfolgen. Hierzu eignen sich: kleine Tiefdruckpressen, Buchbinderpressen, Kupferdruckhandpressen, Kopier- oder Pflanzenpressen, umgebaute Wringmaschinen o.ä. Auf den eingefärbten Druckstock wird das Druckpapier in einer Größe aufgelegt, die erlaubt, dass mindestens 5 bis 10 cm Rand über der Platte verbleibt. Das Papier ist mit der Hand oder dem Handballen leicht anzudrücken.
Beim **Handabzug** wird mit kreisenden Bewegungen mittels Löffel, Handabreiber, abgerundetem Baustein o.ä. das Blatt auf den Druckstock vorsichtig aufgepresst. Zur Kontrolle, ob die Farbe gut vom Papier aufgenommen worden ist, sollte an den Ecken das Blatt vorsichtig abgehoben werden. Das gut gedruckte Blatt wird dann von einer seiner Ecken vorsichtig abgezogen und auf einer mit Papier (Zeitungspapier) vorbereiteten Fläche (Tisch, Regal) zum Trocknen ausgelegt.
Beim **Handpressendruck** wird der Druckstock auf Pappe gelegt und mit dem Druckpapier bedeckt. Darauf kommen eine Lage Makulaturpapier und eine Pappe. Das Ganze wird so unter die Presse gelegt und gedruckt. Solcher Druck geht wohl schneller und präziser, aber es fehlt ihm das Individuelle des Handabzugs.

Farblinolschnitt: Bei der Gestaltung farbiger Linolschnitte ist das drucktechnische Verfahren ähnlich wie beim Schwarz-Weiß-Schnitt. Für den Unterricht ist der Zweifarbendruck zu empfehlen, da Drucke mit drei oder mehr Farben zu arbeits- und zeitaufwendig sind. Der Zweifarbendruck erfordert zwei Druckstöcke, die jeweils mit einer anderen Farbe eingefärbt werden und die Teile des ausgeschnittenen Bildmotivs zeigen, welche in den betreffenden Farben gedruckt werden sollen. Man kann auch durch Übereinanderdrucken von zwei oder mehreren Farben eine dritte Farbe erzeugen: „Zusammenhalten großer, fein abgestimmter Farbflächen, Betonung einzelner Bildelemente sowie Einfachheit in der Verwendung der Farbe sollte das Ziel sein, denn Druckgrafik ist keine Malerei." (Charlotte und Kurt Biegholdt: „Wir drucken", Schriften zur Kunsterziehung, Bd.16, S.66, Volk und Wissen Verlag Berlin, 1963)

Das Trocknen dauert in der Regel 24 Stunden. Falls das am Ort (z.B. im Klassenraum) nicht möglich ist, sollten die noch feuchten Drucke zwischen Lagen von Papier transportiert werden. Nach dem Drucken sind alle Platten und Geräte zu säubern (z.B. mit Waschbenzin, Terpentinersatz, fettlösenden Reinigungsmitteln, Lappen).

9.2. Unterrichtshinweise: Neben den auf Seite 7 allgemein gegebenen Ratschlägen sollten folgende Hinweise beachtet werden:
Bei der Einführung in den Linoldruck (ebenso Holzschnitt) muss den Schülern bewusst gemacht werden, dass beide Techniken von Schwarz-Weiß-Beziehungen bestimmt sind. Deshalb sind bereits die Bildentwürfe weitestgehend in der entsprechenden Material- und Werkzeug"sprache" anzulegen. Es sollten möglichst große, reduzierte Flächen und Formen mit klarem Umriss angestrebt werden. Die Entscheidung darüber, ob Flächen-, Linien- oder Strukturschnitt (bzw. entsprechende Kombinationen) angewandt werden, sollte in einer frühen Arbeitsphase fallen.
Für einen Linienschnitt genügt eine lineare Zeichnung mit Bleistift oder schwarzem Filzstift; bei beabsichtigtem Flächenschnitt erleichtert ein großzügiger, flächenhafter Entwurf mit Pinsel, schwarzer Farbe oder dickem Filzstift das „Umdenken". Ebenso können mit geschnittenen schwarzen Papierflächen Vorübungen durchgeführt werden. Der Entwurf wird auf Transparentpapier gezeichnet und mit Kohlepapier seitenverkehrt auf die Druckplatte übertragen. Möglich ist auch, den Entwurf sofort mit Kreide oder Kohle auf das Transparentpapier zu zeichnen, das Blatt dann seitenverkehrt auf die Druckplatte zu legen und abzureiben. Die Zeichnung kann später mit Tusche ergänzt werden. Unter Umständen kann das Bildmotiv sofort frei mit schwarzem Faserstift auf die Druckplatte gezeichnet werden, wobei der seitenverkehrte Druck einkalkuliert werden muss.
Beim Schneiden des Druckstockes ist auf die werkgerechte Handhabung der Schneidewerkzeuge zu achten. Wir empfehlen deshalb auch praktische Schnittübungen auf schwach eingestrichenen Druckplatten.
Wird der Linoldruck neu eingeführt, sind zunächst Übungsdrucke mit eng begrenzten gegenständlichen Motiven angebracht. Die **Abbildungen 40, 41, 42** und **43** sind in diesem Sinne angefertigt und dann in freieren Druckarbeiten für einen Schulkalender von jedem Schüler weitergeführt worden.
Falls möglich, sollten aus Zeitgründen zwei Tische zum Einwalzen und Drucken bereitgestellt werden. Es können einige Schüler mit dem Einwalzen der Farbe und dem Drucken beauftragt werden; oder jeder einzelne Schüler sammelt Erfahrungen beim Drucken. Sollte mit Löffel, Falzbein oder ähnlichen Geräten gedruckt werden, dann legen die Schüler ihren Druckstock mit dem Druckblatt auf eine präparierte Pappunterlage und drucken und ziehen das Blatt am eigenen Arbeitsplatz ab. Dabei sollte man mehrere Probe- bzw. Zustandsdrucke ermöglichen.
Erfahrungsgemäß treten zum Teil große Zeitunterschiede in der Arbeit der Schüler auf. Für jene, die zeitig ihre Arbeit abgeschlossen haben, sollten Sonderaufgaben vorbereitet werden (z.B. Aufgaben anhand des Arbeitsheftes „Druckgrafik" von Klaus Kowalski, a.a.O.).

9.3. Kunstbetrachtung: Farblinolschnitte von Pablo Picasso, Linolschnitte und -stiche von Wolfgang Mattheuer und anderen Künstlern

9.4. Beispiele: Abb.40: „Baummotiv", Weißlinienschnitt mit Binnenstruktur, Kl.5 / **Abb.41:** Schwarzlinienschnitt mit Binnenstruktur, Kl.5 / **Abb.42:** „Hahn", Weißlinienschnitt, rote Druckfarbe, Kl.5 / **Abb.43:** Flächenschnitt mit Binnenstruktur, ebenfalls Rot-Weiß-Kontrast, Kl.5 / **Abb.44:** Kalenderblatt zum Thema „Thomaner sein ist anstrengend, aber es macht Spaß", Kl.5 / **Abb.45:** „Baumgruppe im Winter", Flächen- und Strukturschnitt, Kl.7 / **Abb.46:**„Alte Villa", Kl.8 / **Abb.47:**„Berglandschaft", Kl.9 / **Abb.48:**„Stadtmotiv", Kl.8 / **Abb.49:** „Industrielandschaft in Leipzig", Kl.8 / **Abb.50-52:** „Tanzende", Kl.10 / **Abb.53:** „Kirche in Wandlitz", Farblinolschnitt mit zwei Platten, Kl.9 / **Abb.54:** „Früchtestillleben", Farblinolschnitt mit zwei Platten, Kl.9, gedruckt auf grün getöntem Papier, Kl.10

Abb.40

Abb.41

Abb.42

Abb.43

Abb.44

Abb.45

Abb.46

Abb.47

Abb.48

Abb.49

oben links: Abb.50
oben rechts: Abb.51
unten: Abb.52

Abb.53

Abb.54

10. Holzschnitt (ca. 3-4 Std.)

10.1. Material/Technik: Als Druckstock eignet sich nicht zu hartes Holz, z.B. Linden oder Pappelholz, aber auch alle Obstbaumhölzer. Je nach gestalterischer Absicht können ebenso auch Kiefern- oder Tannenholz und alle anderen Arten, auch von den Schülern ausgewählte, verwendet werden. So haben sich im Unterricht u.a. Zigarrenkistendeckel, Frühstücksbretter, japanisches Sperrholz bis hin zu grob gemaserten Brettteilen bewährt. Sie können mit der Schleifmaschine zur gewünschten glatten Oberfläche geschliffen werden. Für den Druck sind Holzschnittfarben, aber auch Buchdruckfarben auf Ölbasis zu empfehlen. Zum Schneiden sind kräftigere Werkzeuge als beim Linoldruck notwendig. Für den Unterricht genügen ein Schrägmesser und ein Hohleisen. Auch von den Schülern selbst angefertigte und zugerichtete Schnittwerkzeuge (z.B. geschärfte Taschenmesser) sind durchaus geeignet. Die Materialien für den Druckvorgang sind die gleichen wie beim Linoldruck (vgl. S.35/36).

10.2. Unterrichtshinweise: Das Material Holz ist widerständiger im Vergleich zu den Materialien des Linolschnitts. Es ist naturgewachsen, weist in der Regel eine starke Maserung auf - bis hin zu ausgeprägt spröden Strukturen. Es leistet dem Schnittmesser deshalb Widerstand, lässt keine keine weichen, kurvigen Schnitte, keine Zwischentöne zu. Die Schüler sollten deshalb zunächst anhand von Probestücken mit der notwendigen kräftigen und entschiedenen Schnittführung, mit den besonderen grafischen Strukturwerten, die durch die Maserung beim Drucken entstehen, vertraut gemacht werden. Das Vorgehen entspricht generell dem Linolschnitt. Ergänzend dazu einige spezielle Hinweise: Der Bildentwurf wird wie beim Linolschnitt seitenverkehrt auf die Druckplatte übertragen. Es kann jedoch auch die gesamte Platte mit schwarzer Holzschnittfarbe leicht eingewalzt und nach dem Trocknen mit Kreide oder hellem Buntstift der Entwurf übertragen werden (nur wesentlichste Formen). Aber auch zum spontanen, freien Schneiden sollten die Schüler Gelegenheit erhalten, um dem Reiz, den Zufällen grafischer Holzspuren und -strukturen nachzugehen. Solche Arbeiten können auch als Orientierungs- und Erkundungsmöglichkeiten für größere, anspruchsvollere Drucke dienen. Probedrucke, Zustandsdrucke sind beim Holzschnitt sehr wichtig, da besonders durch die zum Teil sperrige Holzstruktur interessante grafische Effekte, zufällige Druckspuren entstehen, die im Sinne der Gestaltungsabsicht genutzt oder korrigiert werden können. „Die Werkzeugführung ist die gleiche wie beim Linolschnitt, nur entschiedener und kraftvoller. Bei Geißfuß und Hohleisen ruht das Heft fest in der rechten Hand, mit dem Zeigefinger auf dem Eisen, während die Finger der linken dagegendrücken, um ein Ausgleiten zu verhindern. Beim Bearbeiten größerer Flächen umschließt auch die linke Hand das Eisen (mit dem Daumen seitlich am Heft), um kraftvollere Schnitte führen zu können. Dabei ruhen Unterarm oder Handwurzel auf der Platte oder dem Tisch. Während beim Schrägmesser die Arbeitsbewegung zum Körper hin gerichtet ist (wie beim Kerbschnitt), arbeitet man hier stemmend oder schiebend in der Gegenrichtung. Beim Schneiden wird die Holzplatte durch eine kleine Metallzwinge am Tisch befestigt, wobei ein dazwischen gelegtes Brettchen vor Beschädigungen schützt. Man kann auch auf einem alten Tisch oder größeren Brett zwei starke Nägel einschlagen, gegen die man jeweils zwei Kanten der Platte anlegt, um beim Schneiden beweglicher und sicherer zu sein." (Charlotte und Kurt Biegholdt: „Wir drucken", a.a.O., S.79)

10.3. Kunstbetrachtung: Aus der Fülle von druckgrafischen Arbeiten großer Holzschneider der Vergangenheit und Gegenwart seien folgende Künstler empfohlen: Albrecht Dürer, Lucas Cranach, Hans Holbein d.J., Käthe Kollwitz, Edvard Munch, alle „Brücke-Künstler" (z.B. Erich Heckel, Ernst Ludwig Kirchner u.a.), Lyonel Feininger, Frans Masereel, Otto Pankok, Gerhard Marcks, HAP Grieshaber, Wilhelm Rudolph, Wolfgang Mattheuer, Horst Janssen sowie ostasiatische Farbholzschnitte (siehe auch Abb. 55 bis 62, S.46/47).

10.4. Beispiele: Abb.55: August Macke: „Abschied" / **Abb.56:** Ernst Barlach: „Faust und Mephisto" / **Abb.57:** Christian Rohlfs: „Der verlorene Sohn" / **Abb.58:** Wilhelm Morgner: „Mutter und Kind" / **Abb.59:** Ernst Ludwig Kirchner: „Straßenszene" / **Abb.60:** Ernst Ludwig Kirchner: „Kopf Fräulein Hardt" / **Abb.61:** Ernst Ludwig Kirchner:„Absteigende Kühe" / **Abb.62:** „Mädchen" / **Abb.63:** „Schnittproben", Erproben des Materials und der Werkzeuge. Solche spontan und experimentierend entstandenen Drucke haben oft eigenständigen, bildhaften Reiz. Diese Material- und Werkproben können zu größeren Arbeiten zusammengefügt werden (vgl. **Abb.64:** Triptychon) / **Abb.65:** „Landschaft mit Architektur", spontan, ohne Vorzeichnung geschnitten, Kl.11 / **Abb.66:** „Starker Sturm und Sonne", Kl.7 / **Abb.67:** „Verwüstete Ernte", Kl.7 / **Abb.68,69,70:** „Stadtmotive aus Grimma", freie Wahl der Motive, des Formats und der Gestaltungsmittel. Grundlage: Naturstudien, Kl.10 / **Abb.71:** „Toscanisches Architekturmotiv", Kl.11 / **Abb.72:** „Bergkirche bei Beucha", nach einer Naturstudie, Kl.11 / **Abb.73,74,75:** Rahmenthema „Emotionen", Kl.11 / **Abb.76,77:** „Landschaft", freie Wahl der Motive, Formate und Gestaltungsmittel, Kl.11 / **Abb. 78,79,80,81:** „Köpfe", auch hier freie Wahl wie oben (Orientierung u.a. an expressionistischen Beispielen) / Vgl. auch entsprechende Beispiele im Abschnitt III.6.

Abb.55

Abb.56

Abb.57

Abb.58

Abb.59

Abb.60

Abb.61

Abb.62

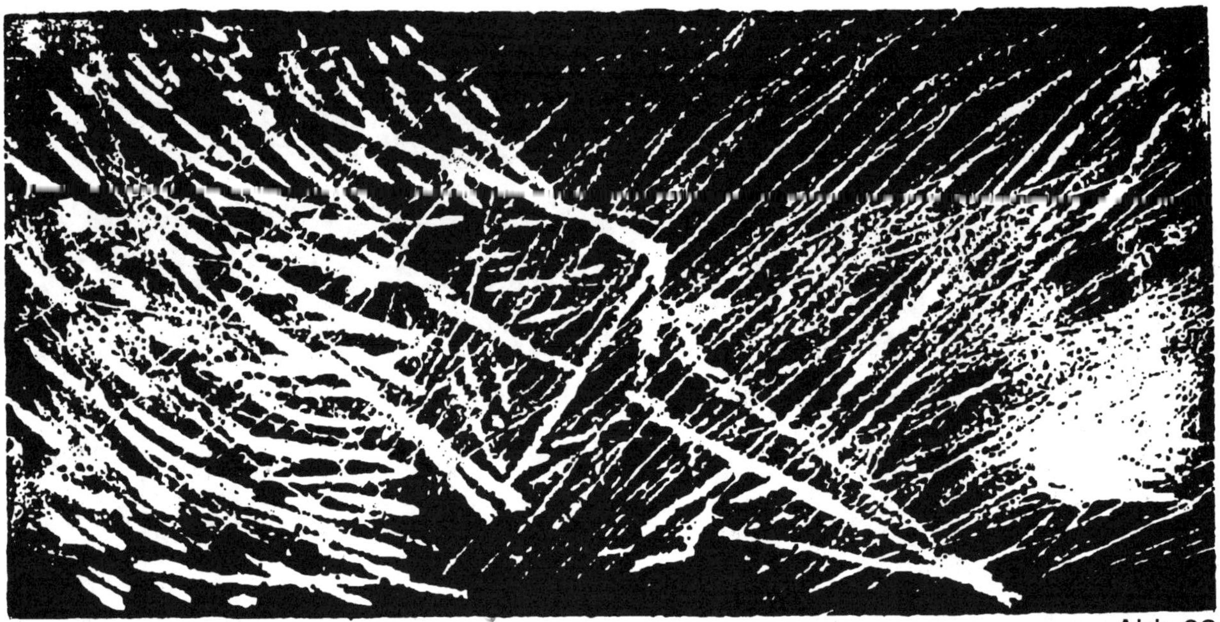

Abb.63

Abb.64

Abb.65

Abb.66

Abb.67

Abb.68

Abb.69

Abb.70

Abb.71

Abb.72

Abb.73

Abb.74

Abb.75

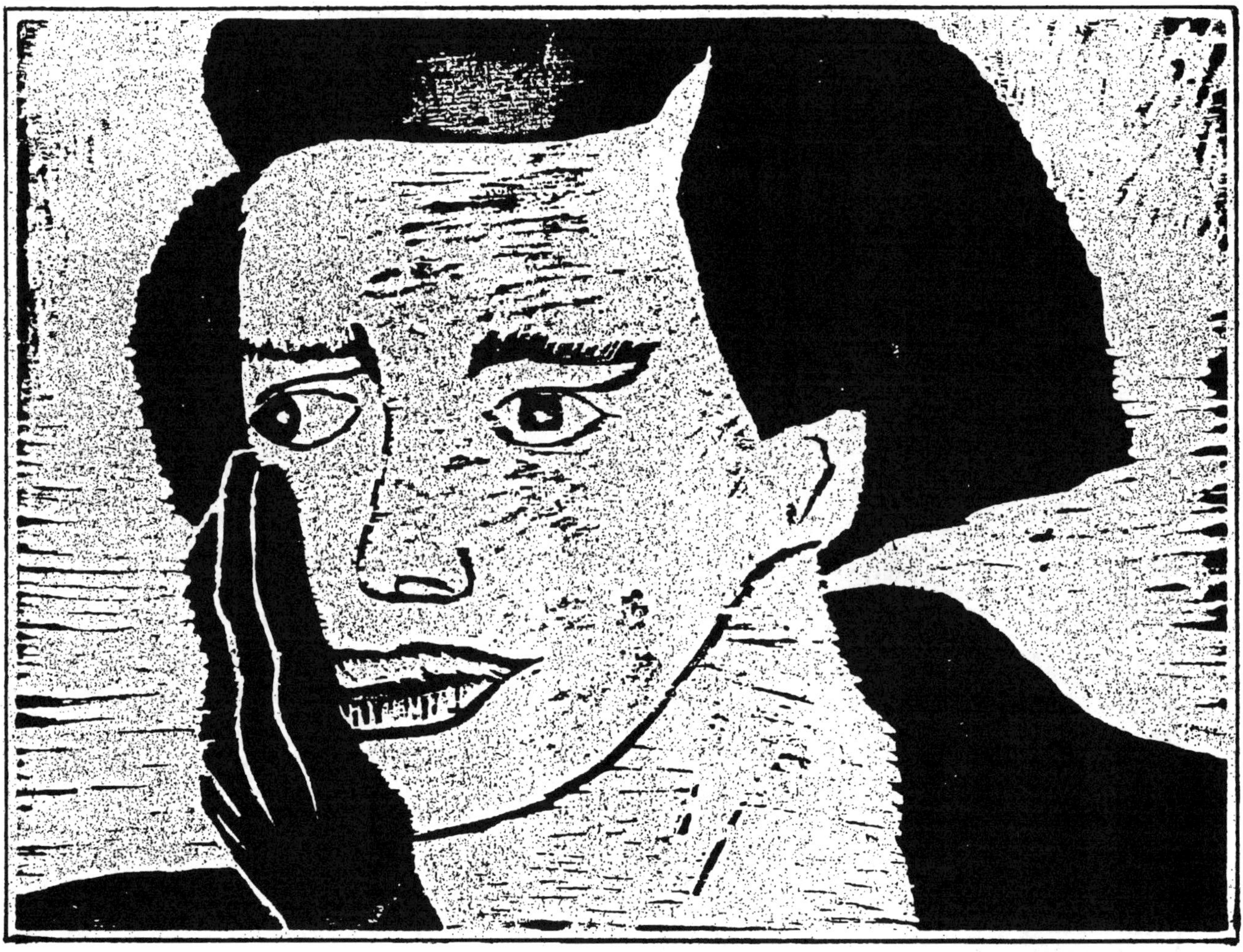

Abb.76

Abb.77

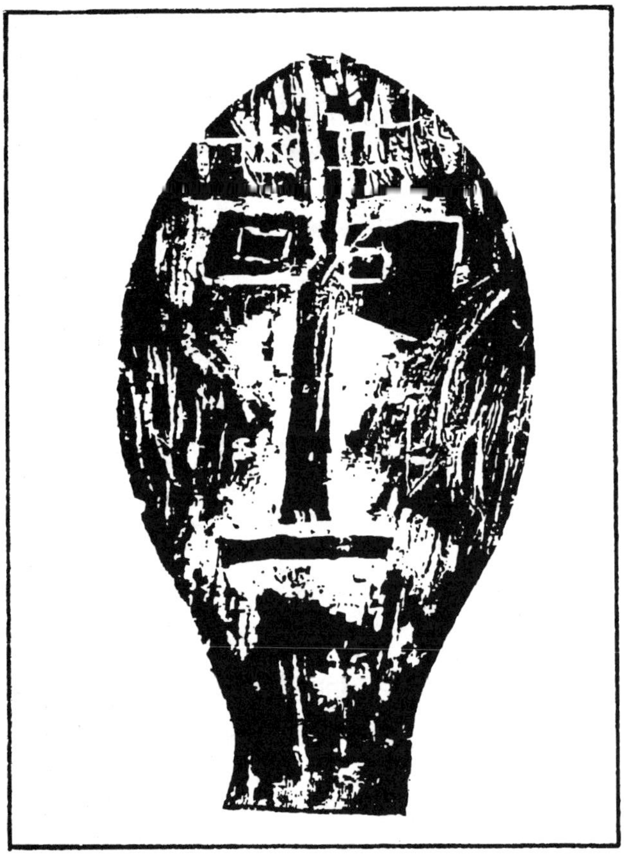

Abb.78

Abb.79

Abb.80

Abb.81

11. Kaltnadelradierung (ca. 2-4 Std.)

11.1 Material/Technik: Anstelle der von Künstlern bevorzugten teuren Kupfer- oder Zinkplatten eignen sich im Unterricht Kunststoff-, Algraphie-, Pressspan- oder auch Zinkplatten aus billigem Klempnerabfall.
Für das Einfärben wird Tiefdruckfarbe oder auch normale Künstlerölfarbe verwendet (keine Linoldruckfarbe). Für den Druck kommen alle für den Linoldruck angegebenen Papiere in Frage, auch Achatpapiere, Seidenpapiere und für gelungene Drucke Japansimilipapier, Büttenpapier oder relativ glattes Aquarellpapier.
Weiterhin braucht man einen Tampon (mit Watte, Mull, Filz o.a. gefülltes Stoff- oder Lederkissen), Wischgaze, eventuell eine alte Zahnbürste zum Einfärben und zum Einritzen der Zeichnung eine Radiernadel. Man kann sich dieses Werkzeug auch selbst herstellen, indem man einen Nagel in einen Pinselstiel oder einen ähnlichen Holzgriff schlägt, den Nagelkopf entfernt und das Nagelende mit Feile oder Schleifstein zuspitzt.
Die Kunststoffplatten sind zu säubern (entfetten) und an den oberen Kanten abzuschleifen (abzurunden), damit beim Drucken das Papier nicht eingerissen wird.
Mit der Radiernadel wird die Zeichnung in die Platte eingeritzt. Der Druck, mit dem die Radiernadel auf der Platte geführt wird, ruft unterschiedliche lineare Vertiefungen hervor. Dabei werden entlang der Linienränder auch Grate aufgeworfen. Beim Einfärben der Platte dringt die Farbe nicht nur in die eingegrabenen Linienspuren hinein, sondern haftet auch an den Graten. Beim Drucken werden deshalb die Linien etwas unscharf; sie wirken weicher, nicht so streng und erscheinen dadurch differenzierter.
Der Entwurf wird - möglichst nur in den wesentlichsten Formzusammenhängen - auf die Größe des gewählten Plattenformats übertragen. Bei durchsichtigen Kunststoffplatten kann die Zeichnung auf Transparentpapier seitenverkehrt unter die Platte gelegt und so unmittelbar auf die Oberfläche eingeritzt werden. Man kann die Zeichnung auch seitenverkehrt mit Kohle- oder Graphitpapier auf die Platte durchpausen.
Beim Einritzen der Zeichnung sollte die Nadel nicht „rattern", sondern „singen"; sie sollte die Linien mehrmals entlangfahren. Um lebendige Linien zu erhalten, kann der auf die Nadel ausgeübte Druck stärker oder schwächer sein. Durch verdichtete Linien oder z.B. durch Kreuzlagen entstehen Schraffuren bzw. anders strukturierte Flächen und Zonen, die spannungsvolle Hell-Dunkel-Kontraste ermöglichen (**Abb.82,94,95**).
Nach dem Säubern der Platte wird mit dem Tampon die Druckfarbe gleichmäßig, mit kreisenden, leicht stauchenden Bewegungen in die tieferliegende Zeichnung eingerieben. Anschließend wird die Farbe mit einem Lappen (z.B. Wischgaze) von Restspuren der Farbe gesäubert, so dass die Farbe nur noch in den Vertiefungen bleibt. Die abgerundeten Plattenkanten sind ebenfalls zu reinigen, damit sie nicht mitdrucken. Je nach Gestaltungsabsicht können jedoch auch mit dem Lappen nur leicht weggewischte Farbflächen oder -flecken erhalten bleiben. Es entstehen dann beim Drucken Halbtöne, d.h. ein sogenannter „Lappen- oder Handton" (siehe **Abb.93**).
Auf die Platte wird dann angefeuchtetes Druckpapier gelegt. Dieses erhält man, indem man das Papier leicht angepresst ungefähr eine Stunde in feuchte Zeitungspapierlagen legt. Das Druckpapier ist so herzurichten, dass es größer als die Druckplatte ist und der fertige Druck dadurch eine neutrale „Umrahmung" erhält. Auf das Papier legt man eine Filzplatte o.ä. und darüber einen stärkeren Karton. So kann abschließend entweder mit Hand oder Presse der Druck erfolgen.

11.2. Unterrichtshinweise: Die Hinweise zur Unterrichtsgestaltung und zu den einzelnen Arbeitsschritten auf S. 7 sind prinzipiell auch für die Kaltnadelradierung gültig. Ergänzend empfiehlt sich, Schüler mit dem Radieren kleiner, gegenständlich begrenzter Bildmotive in diese Technik einzuführen. So zeigt die **Abb.83** eine Radierung, die ohne Vorzeichnung spontan vor der Natur entstand. Solches Arbeiten bereitete Radierungen für einen Schulkalender nach einem Rahmenthema vor; jeder Schüler hatte dabei sein Bildmotiv selbstständig zu wählen und zu gestalten (**Abb.84**). Ähnliche Orientierungs- und Übungsmöglichkeiten bieten die Wachs- oder Kratztechnik und der Pappritzdruck.

Kratztechnik (Variante): Ein festes Zeichenblatt bzw. ein Karton wird mit einer Kerze oder mit farbigem Wachsstift gleichmäßig eingewachst. Anschließend wird wasserlösliche Farbe (Aquarellfarbe, schwarze Tusche, Temperafarbe, auch verdünnte Acrylfarbe) mit Geschirrspülmittel verrührt und auf die gewachste Fläche aufgetragen. Nach dem Trocknen kann mit spitzen Kratzwerkzeugen (z.B. Zirkelnadel, Rouladennadel, Nagel) die Zeichnung radiert werden, wobei der Farbton des Blattes bzw. des Kartons wieder hervortritt. Es entsteht ein Unikat, das nicht gedruckt wird (**Abb.100,101**).

Pappritzdruck: Geeignet sind Platten mit nicht saugender, glatter Oberfläche, in die die Zeichnung eingeritzt wird. Mit dem Tampon oder einem Lappen wird die Druckfarbe so aufgetragen, dass sie in die Ritzspuren fest eindringt. Beim Abwischen muss die Farbe in den tieferen Zeichenspuren bleiben. Als Abzugspapier sollte man ungeleimtes, möglichst saugendes, weiches Papier verwenden. Gedruckt wird mit Handabrieb oder Pressendruck.

11.3. Kunstbetrachtung: Zu empfehlen sind Radierungen von Albrecht Dürer, Albrecht Altdorfer, Hercules Seghers, Giovanni Battista Piranesi, Rembrandt, Francisco de Goya, Max Klinger, Max Slevogt, Lovis Corinth, Käthe Kollwitz, Edvard Munch, Giorgio Morandi, Pablo Picasso, Bernard Buffet, Horst Janssen u.a.

11.4. Beispiele: Abb.82: Kreuzschraffur / **Abb.83:** Spontan vor der Natur in die Platte geritzt, Kl.5 / **Abb.84:** Radierung für einen gedruckten Kalender zum Thema „Thomaner sein ist anstrengend, aber es macht Spaß“, Kl.5 / **Abb.85:** Entwurf zum Rahmenthema „Meine Lieblingsbeschäftigung“, konkreter Titel: „Ich liebe Tiere“, Kl.6 / **Abb.86:** Ausgeführte Radierung: „Pferdekoppel“, Kl.6 / **Abb.87:** Bleistiftzeichnung vor der Natur, Kl.8/**Abb.88:** Ausgeführte Radierung / **Abb.89:** „Stadtvilla“, Kl.8 / **Abb.90:** Zeichnung mit Feder und Tusche auf Transparentpapier zum Thema „Ich und meine Freundin“, Kl.6 / **Abb.91:** Ausgeführte Radierung, Kl.6 / **Abb.92:** „Kubistische Landschaft“, auf Grundformen reduzierte, verschachtelte Flächen und Körper, Kl.11 / **Abb.93:** „Alte Häuser in Grimma“ (mit „Lappenton“), Kl.12 / **Abb.94,95:** „Selbstporträt“ in zwei unterschiedlichen Zuständen, Kl. 11 / **Abb.96,97:** „Porträtstudien“, Kl.11 / **Abb.98a-d:** Exlibris, Kl.11 / **Abb.99:** „Fabelwesen“, Kl.9 / **Abb.100:** „Kakteen“, Kratztechnik, Kl.6 / **Abb.101:** Schabblatt: „Beim Kartoffellesen“, Kl.5

Abb. 82

Abb. 83

Abb.84

Abb.85

Abb.86

Abb.87

Abb.88

Abb.89

Abb.90

Abb.91

Abb.92

Abb.93

Abb.94

Abb.95

Abb.96

Abb.97

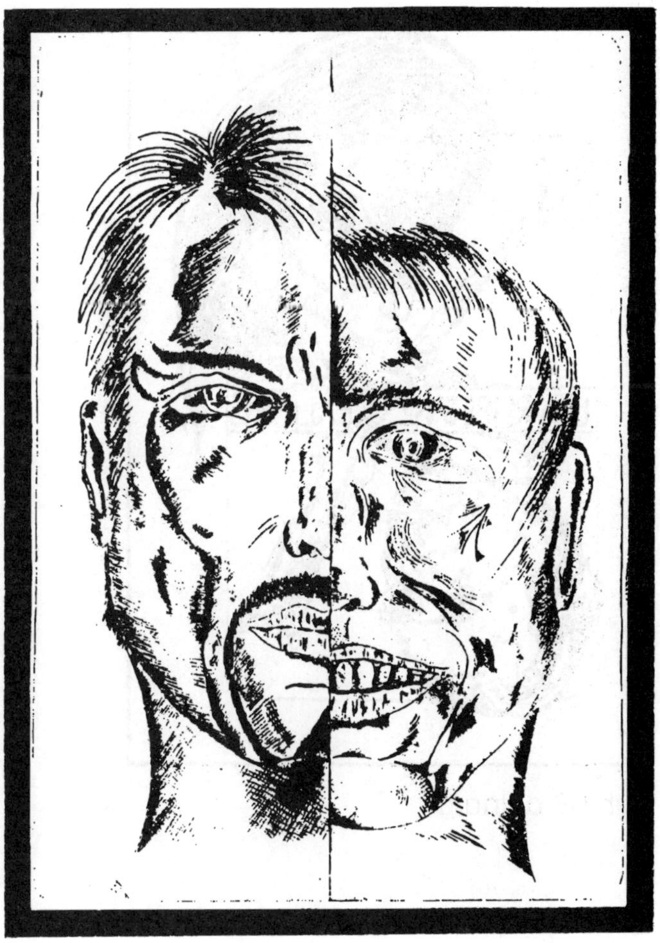

Abb.98 a und b

Abb.98 c und d

Abb.99

Abb.100

Abb.101

II. Beispielsammlung zur Schriftgestaltung (ca. 3-5 Std.)

1. Vorbemerkung:

Die Schrift gehört zu den bedeutendsten Kulturgütern der Menschheit. Mit ihr erhielt der Mensch gleichsam sein zweites Gedächtnis. Die Schrift ermöglichte ihm, seine Erfahrungen, Erkenntnisse und Gedanken über alle Zeiten hinweg festzuhalten, sie zu bewahren und mit anderen, auch entfernten Menschen in Austausch zu treten (wir würden heute sagen: zu kommunizieren).
Die Schrift wurde zunächst mit der Hand auf Rinde, Leder oder Papyrus geschrieben bzw. gemalt, auf Wachs- oder Tontafeln geritzt, in Holz oder Ton gekerbt bzw. geschnitten, in Stein gemeißelt und im Mittelalter schließlich auf Pergament festgehalten. Mit der Erfindung des Buchdrucks mit beweglichen Metalllettern in Europa durch Johannes Gutenberg um 1440 gewann die Schrift eine tiefgehende und weitreichende Bedeutung für die Entwicklung und Verbreitung der menschlichen Kultur. Es entstand durch den Buchdruck eine Vielzahl neuer Schrifttypen; immer modernere Druckmaschinen wurden entwickelt. Hinzu kamen die Schreibmaschine und in unserer Zeit der Computer. Wir können heute von einer Überflutung des Alltags mit gedruckter Schrift sprechen. Zur Erfahrung der Schüler gehört deshalb das gedruckte und geschriebene Wort in allen möglichen Erscheinungen: Bücher, Zeitungen, Zeitschriften, Werbung, Einladungs- und Glückwunschkarten, Briefe, Markenzeichen, Signets, Kombinationen von Schrift und Bild auf den Bildschirmen von TV und Computer, aber auch in künstlerischen Illustrationen, Graffiti, Comics oder anderen Formen der bildenden und angewandten Künste.
Schrift, ob gedruckt oder geschrieben, war und ist in allen diesen Anwendungsbereichen primär zeichenhaftes Speicherungs-, Informations- und Kommunikationsmittel, aber zugleich auch Ausdruck und Träger ästhetischer Auffassungen und Bedürfnisse. Schrift stellt so - wie auch immer geartet - eine Einheit von Inhalt, Form und Mitteilung, von Lesbarkeit und ästhetischer Gestaltung dar. (Vgl. Übersicht über Schriftarten im „Schülerduden: Die Kunst", a.a.O., S. 436/437) Die bis in das 19. Jahrhundert gepflegte Kultur des formbewussten, stilvollen Schreibens verlor allerdings durch die technischen Mittel immer mehr an Bedeutung, an Gestalt und ästhetischem Reiz.
Heute wird sie leider im Alltag, auch in der Schule, fast ausschließlich auf ihre Mitteilungsfunktion reduziert. Deshalb sollte Schriftgestaltung keine Randerscheinung im Unterricht bleiben, sondern als ein aktueller, lebensbezogener, sehr beziehungsreicher ästhetischer Lernbereich von großem, spezifischem Potential stärker beachtet werden.
Wir orientieren mit den folgenden Unterrichtsbeispielen deshalb auf eine kreative Gestaltung mit Schrift und Buchstaben. Zeitaufwendige Schriftübungen, die ausschließlich auf klare Lesbarkeit genormter Buchstabenformen, auf Sauberkeit, Exaktheit, Perfektion - d.h. mehr auf Fertigkeitsdrill als auf Gestaltung - zielen, sollten möglichst vermieden werden. Auf dem Kopierer vergrößerte Schreibmaschinenschrift, Computerschriften, vorgefertigte Buchstaben, Schriftschablonen, auch selbst gedruckte, geschnittene oder gerissene Schriften können in rationeller Weise variierbare Formelemente bieten und als „Brücke" zu freier Schriftgestaltung dienen.

2. Material/Technik:

Für **Handschriften** benötigt man Bleistifte (6H,B), Stahlfedern, Bandzug- oder Schnurzugfedern, farbige Filzstifte, Eddingstifte, Flach- und Rundpinsel, Füllfederhalter, Kugelschreiber, Rohrfedern, Federkiele, Quellholz, zubereitete Holzspäne oder man nutzt das „Fingerschreiben". Außerdem braucht man Tinte, Dokumententinte, Tusche, Aquarell- oder Deckfarbe, Läppchen zum Reinigen der Schreibwerkzeuge und eine feste Unterlage. Zum Üben nutzt man weißes, holzfreies Papier bzw. Karton, für Schriftgestaltungen guten, leicht geleimten Zeichenkarton. Für besondere Arbeiten greift man zu handgeschöpftem Büttenpapier. Weiterhin sind je nach Aufgabe und Material auch farbige, getönte Papiere, Schreibmaschinen-, Kopierpapier usw. geeignet.

Für die **Arbeit mit vorgefertigten oder selbst hergestellten Schriftelementen** braucht man genormte Alphabetvorlagen, Schriftschablonen, Abreibebuchstaben, von den Schülern selbst gerissene, geschnittene oder gedruckte Schrift (vom Einzelbuchstaben bis zum Schriftblock). Man nutzt Papier, Zeichenkarton, Schriften aus Zeitungen, Journalen, Werbeprospekten usw. Schriftgestaltung kann als Kartondruck (vgl. S. 31) erfolgen - oder man nutzt Schablonen (Positiv- oder Negativform) zum Abdruck, zur Frottage (vgl. S.14) oder als Schriftschablone. Auch aus Styropor geschnittene oder gestanzte Buchstaben können gedruckt oder abgerieben werden. Aussprengtechniken (Reservageverfahren) sind ebenso möglich wie der Reliefdruck (z.B. Abdruck von Buchstaben, die mit gehärtetem Kleber oder aus Metallfolie hergestellt wurden), der Materialdruck (Abdruck von Textilien, Pappkanten, Pflanzen o.ä. in Buchstabenform, vgl. S. 19), der Linol- oder Holzschnitt (vgl. S. 37/45).

3. Lernziele:

a) Die Schüler werden zu freier und angewandter Gestaltung mit Schrift, Buchstaben und Zahlen befähigt. Sie eignen sich dabei Prinzipien, Gestaltungselemente und -möglichkeiten an. Sie lernen, vorgefertigte, genormte Schrift, Buchstaben oder Zahlen (auch selbst gedruckte bzw. geschnittene) anzuwenden und üben sich im kalligraphischen Schreiben bis hin zur Auflösung der Lesbarkeit.

b) Sie erwerben Kenntnisse und wenden diese im praktischen Gestalten und in der Rezeption an bezüglich
- der Zusammenhänge zwischen Form, Inhalt und Mitteilung, von Lesbarkeit und ästhetischer Form,
- der Regelhaftigkeit und Ordnung der Schrift. Dazu gehören:
- die Grundelemente der Buchstabenformen (Formaufbau, Proportionen, gerade und runde Formteile, Strichstärke und -richtung, Linearstruktur, Rhythmus), die Elemente ihrer Gestaltung (z.B. die Kontraste der Form, Richtung und Stärke) und ihre Ausdrucksqualitäten (locker-bewegt, streng-fest, erregt-unruhig usw.),
- ein harmonisches, ausgeglichenes Verhältnis der Buchstaben zueinander, der Wörter- und Zeilenabstände und
- gestalterisch durchdachte Beziehungen zwischen Satzspiegel (Schriftbild) und Blattformat, zwischen Schrift und Bild (z.B. Illustration) und zwischen Inhalt, Schriftgestaltung und Farbe.

c) Sie erwerben Fertigkeiten und Fähigkeiten in der Auswahl, Anwendung und Pflege der Materialien.

d) Ihre Fähigkeiten zum Entwerfen, Modifizieren, Abstrahieren, Kombinieren, Variieren, Umwandeln bzw. Umstrukturieren von Buchstaben und Schriftbildern werden entwickelt bzw. erweitert und vertieft.

e) Ihre ästhetische Erlebnis- und Wahrnehmungsfähigkeit, d.h. vor allem die „kalligraphische und typographische Sensibilität" (Max Kläger), ihre Fantasie, ihre Urteilsfähigkeit, ihr Interesse und ihre Freude im Umgang mit der Schrift werden entwickelt und gefördert.

f) Die Schüler werden zum Sammeln, Beobachten und Vergleichen von Schriftarten und Buchstaben sowie zur praktischen Anwendung der erworbenen Fähigkeiten (z.B. auf Glückwunschkarten, Einladungen, Plakaten, in Tagebüchern o.ä.) angeregt.

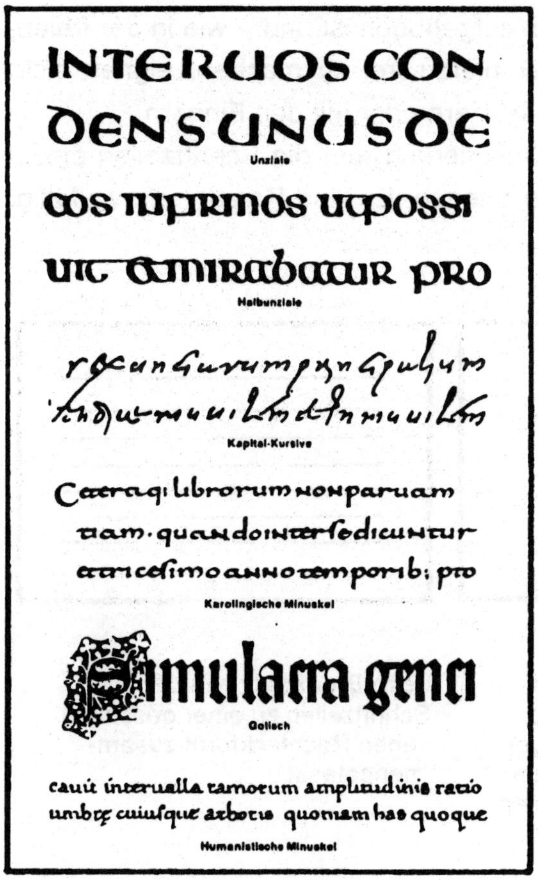

Kleine Auswahl von Schriftarten

Druckerpresse im Buchdruckersignet des Josse Bade zu Paris (1501-1535)

4. Unterrichtshinweise:

Auf den Seiten 64 und 65 sind bereits vielfältige Bezugs- und Motivationsmöglichkeiten sowie Anwendungsbereiche angedeutet. Auch die Abschnitte III und IV geben dazu Anregungen. Wichtig ist die Kooperation mit anderen Fächern (v.a. Deutsch und Geschichte). Die praktische Tätigkeit der Schüler sollte im Mittelpunkt stehen und eng mit Rezeption und Reflexion verbunden sein. Betrachtungen, Interpretationen, Vergleiche und Wertungen von Schriften und Schriftbildern können am Anfang dieser Stoffeinheit stehen (alte und aktuelle Schriften, z.B. in Büchern, auch Handschriften der Schüler in Schulheften, künstlerischen Arbeitsheften, eigenen Gedichtsammlungen, Poesiealben oder Tagebüchern). Vom Lehrer oder von Schülern vorbereitete Materialien können den Einstieg erleichtern (z.B. gesammelte, aufgeklebte unterschiedliche Schrifttypen - gedruckt oder geschrieben - , Schriften aus der Werbung, aus Zeitungen, Fotos von Ladenschildern, Verpackungen usw.). Falls ein kurzer Abriss über Entstehung und Entwicklung der Schrift vorgesehen ist, sollte dies ebenfalls sehr anschaulich geschehen (Schriftbeispiele, Abbildungen von Druckwerkstätten o.ä.). Genormte Alphabetvorlagen sollten als Orientierungshilfen einbezogen werden, um Grundelemente der Buchstaben und der Schrifttypen (evtl. auch am Tafelbild) zu erarbeiten und in Möglichkeiten ihrer Modifizierung und Umformung einzuführen. Erkundungs-, Probier- und Übungsaufgaben sollten der Grundlagenbildung und der Vorbereitung komplexerer Aufgaben dienen. Stehen freie, skripturale Gestaltungen (Schreibschrift, Kalligraphie) im Mittelpunkt, sollten anhand von Vorbildern aus der Vergangenheit und Gegenwart Gestaltungsprinzipien, Formelemente und Ausdrucksqualitäten bewusst gemacht und in praktischen Übungen erprobt und angewendet werden. Kalligraphie erfordert ein motorisch-gestisch bestimmtes Schreiben - bis hin zu schriftähnlichen Formelementen, -partikeln und abstrahierten skripturalen Formen, bei denen die Lesbarkeit aufgehoben ist und - wie in der freien Grafik - bildhafte Figurationen entstehen. Um die Schüler hierzu frei zu machen, eignen sich experimentell-spielerische Übungen mit Filzstiften, Pinseln, Hölzern oder mit den Fingern.
Zur Textanordnung gibt es Grundregeln. Sie dienen der Orientierung, um die Schriftzeilen eines Textes in ein ausgeglichenes Verhältnis zum Schriftblatt zu bringen. Es sind Regeln, die vielfältig variierbar sind:

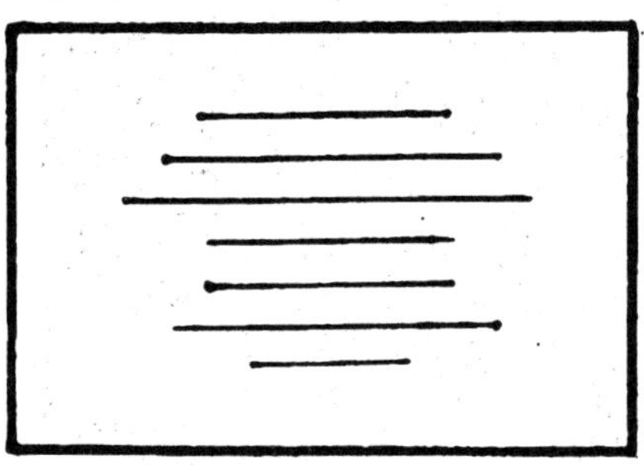

Bei der **symmetrischen Anordnung** haben die Schriftzeilen, auch andere Satzelemente, eine gemeinsame Mittelachse, durch die zwei gleiche Formhälften entstehen.

Bei der **asymmetrischen Anordnung** wird der Schriftsatz in einzelne Textgruppen aufgelöst (dezentralisiert). Die freien Flächen sind dabei zu beachten (Textsatz-Format-Beziehung).

Beim **Blocksatz** werden alle Schriftzeilen zu einer geschlossenen Rechteckform zusammengefasst.

Ein kunstmethodisches Blatt, das der Ideensammlung und Vorbereitung des Schrift-unterrichts diente:

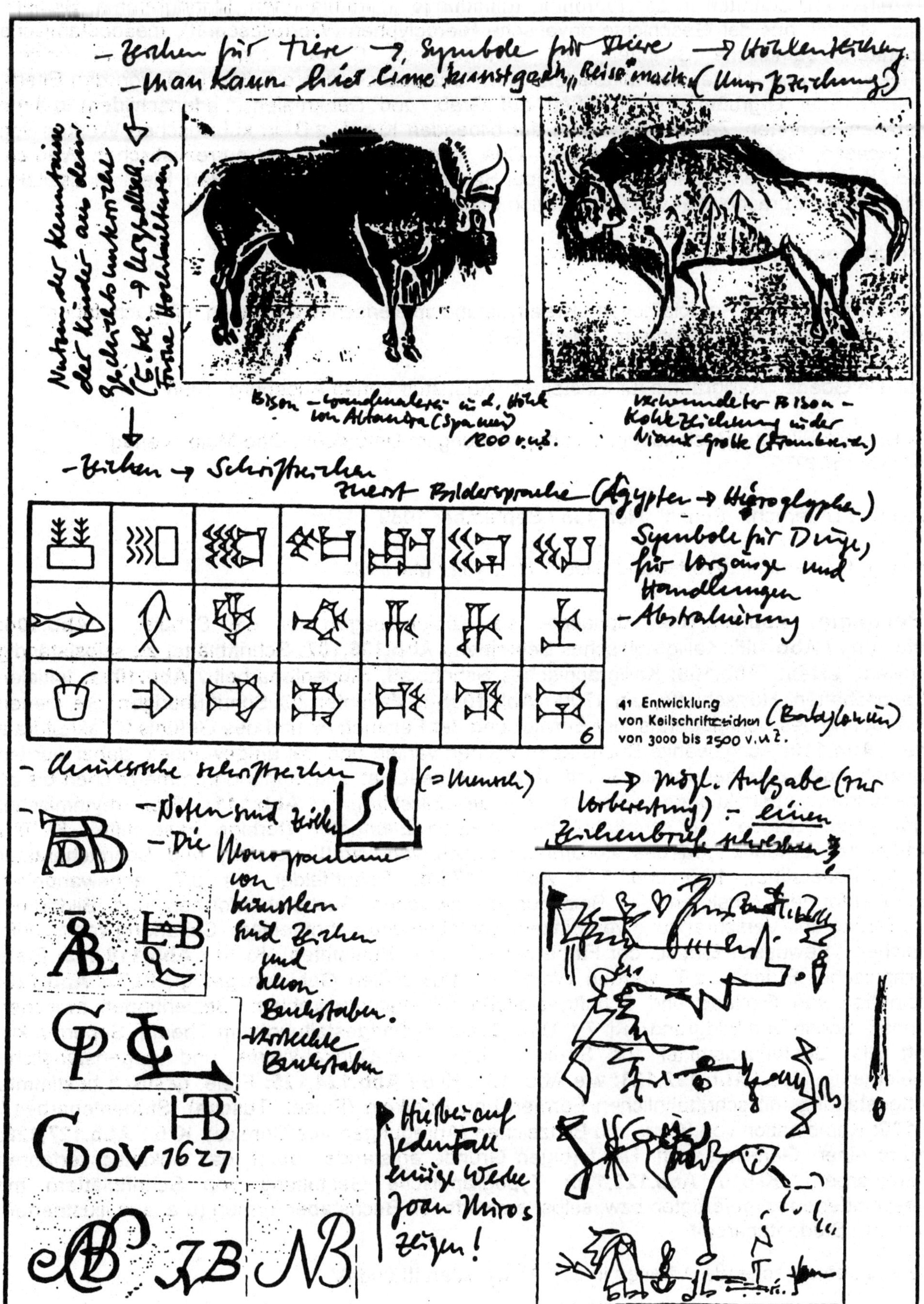

5. Kunstbetrachtung:

Als Beispiele der Schriftgrafik eignen sich z.B. Titelseiten, Schutzumschläge, Überschriften von Tageszeitungen, Schriften in der Werbung, Einladungen, Gratulationen, Monogramme, Signets, Comics, Graffiti; aus der Geschichte ägyptische Hieroglyphen (Wortbildschrift), mesopotamische Keilschriften, semitische Schriften, die Schriftzeichen Chinas, römische Kapitalschriften, Schriftbeispiele und -blätter des Mittelalters, der Renaissance, ältere Briefe (z.B. von den Eltern, den Groß- oder Urgroßeltern); Schriften auf Grab- und Denkmalen, Ladenschildern u.ä.m.; Buchstaben, Schriften, Zahlen in Werken der bildenden Kunst, z.B. in kubistischen Werken von Pablo Picasso, Georges Braque und Juan Gris, in dadaistischen und surrealistischen Werken, z.B. von Kurt Schwitters, Joan Miró und Raoul Hausmann, in Werken von Paul Klee, El Lissitzky, Henry Michaux; Sprachblätter von Carlfriedrich Claus

6. Literaturempfehlungen:

- Rosemary Sassoon / Patricia Lovett: „Kreatives und spielerisches Gestalten mit Buchstaben", Verlag Paul Haupt Bern / Stuttgart / Wien, 1993

- Julius De Goede: „Kalligraphie für Einsteiger", Augustus Verlag Augsburg, 1998

- Max Kläger: „Bild und Buchstaben. Schriftgestaltung im Unterricht", Otto Maier Verlag Ravensburg, 1975

- Kunst und Unterricht: „Schrift", Heft 135 / September 1989

- Kunst und Unterricht: „Wörter und Bilder", Heft 182 / Mai 1994

7. Beispiele: Abb.102,103: Alphabete als Kopiervorlagen für die Schüler / **Abb.104:** Schriftübung / **Abb.105:** Kalligraphisches Schreiben / **Abb.106,107:** Schriftblätter zu selbstständig gewählten Texten / **Abb.108:** Kalligraphisches Schriftblatt, Studentenarbeit / **Abb.109a:** Initialen mit Landschaften, Holzschnitte, um 1700 / **Abb.109b-f:** Varianten für Schriftübungen. Sie dienen der Erprobung des Schreibgeräts, der Entwicklung der Feinmotorik und des Gefühls für skripturale Werte. / **Abb.110:** Ausgewählte Buchstaben wurden variiert und frei umgewandelt; dabei wurden die Beziehungen zwischen Inhalt, Schrift und Farbe beachtet. Diese Monogramme reichen bis zu bildorientierten Abstraktionen (Bleistift, farbige Filzstifte). / **Abb.111:** Frei rhythmische, kalligraphische „Etüde" mit schriftähnlichen linearen Elementen (farbige Faserstifte), Kl.10 / **Abb.112-116:** Erkundungen des Zusammenhanges von Wortbedeutung und Schriftcharakter (Bleistift, Faserstifte), Kl.5 und 7 / **Abb. 117a-d:** Schriftfelder mit z.T. abgewandelten Buchstabenformen (Ausloten der Beziehungen zwischen Buchstabenformen und Bildgrund. Überlagerung und Verschränkung von Einzelbuchstaben und Schriftfeldern. Schaffung von Schrift-"Teppichen". Bewusster Einsatz der Farbe mit Filz- oder Buntstiften), Kl.10 / **Abb.118,119:** Freie kalligraphische „Etüden"; z.T. werden Worte zu strukturellen Gebilden gefügt, Kl.7 / **Abb.120:** Kombination von Frottage und Schriftgestaltung (Gestaltungsproblem: Beziehungen zwischen Textinhalt, Schrift und Bildgrund), Kl. 7 / **Abb.121a-c:** Schriftgestaltung zum Thema „Supermarkt". Schrift als Gestaltungsmittel für Struktur- bzw. Hell-Dunkel-Werte und gegenständliche Formelemente, Kl.8 / **Abb.122,123:** wie Abb. 121, Kl.6 / **Abb.124,125:** Freie, gestisch bestimmte Schriftgestaltung mit schriftähnlichen Formen und Partikeln (Pinsel, Tusche), Studentenarbeit / **Abb.126:** Kombination von Wort- und Bildzeichen (Anregungen aus Comics), Kl.6 / **Abb.127,128:** Entwürfe einer „Geheim"schrift. Die farbigen Gründe entstanden durch das Abklatschverfahren (Aquarellfarben), Kl.6 / **Abb.129,130:** Typographische Gestaltung von Schriftblättern mit ausgeschnittenen vorgefertigten bzw. selbst entworfenen Buchstabenformen (u.a. aus Illustrierten, Zeitungen), Studentenarbeit

Siehe auch entsprechende Arbeiten in den Abschnitten III und IV

Die Antiqua kursiv

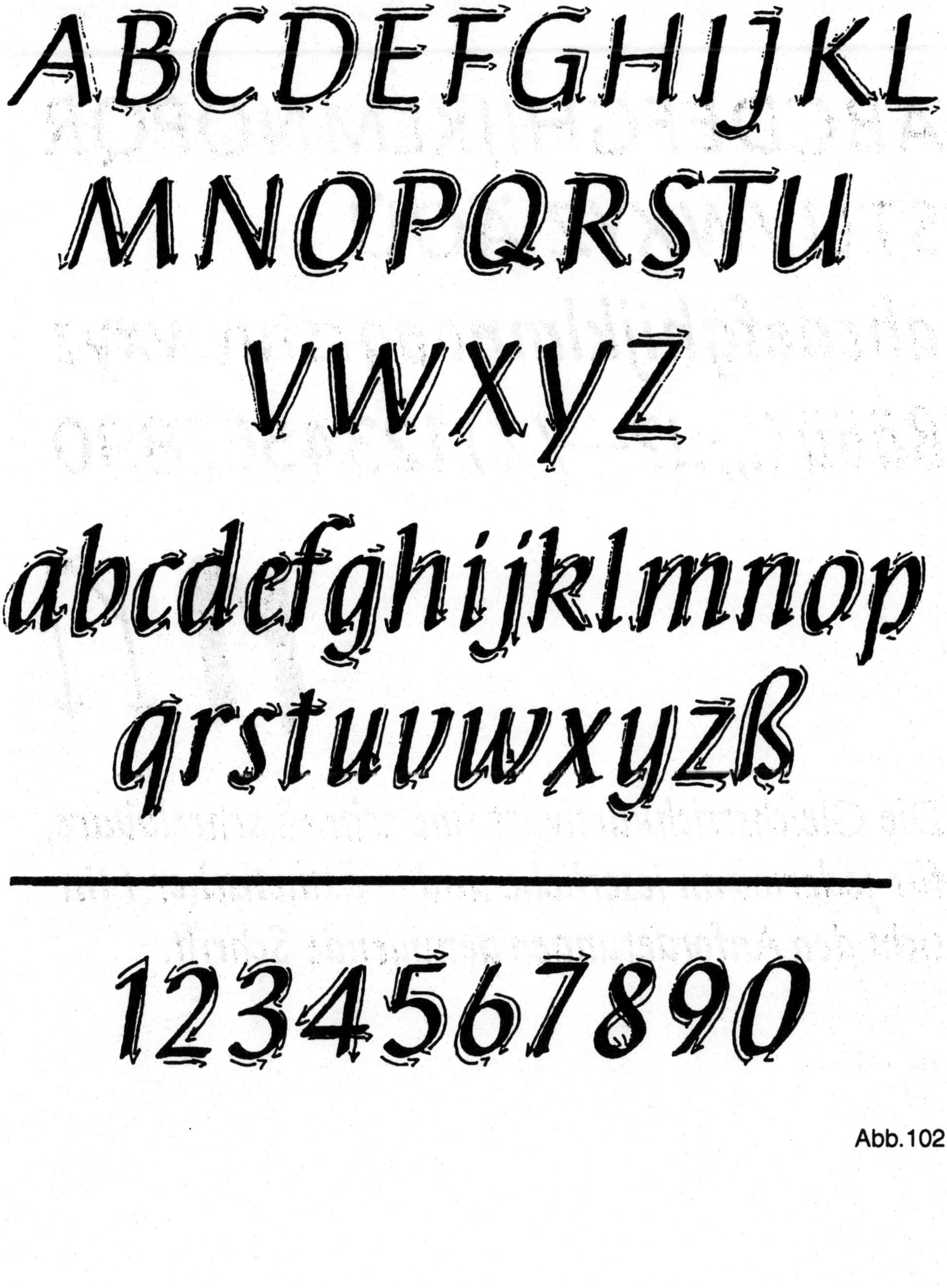

Abb.102

Die Gleichstrichkursiv

ABCDEFGHIJKLMNOPQR
STUVWXYZ ÄÖÜ
abcdefghijklmnopqrstuvwxyz
ßäöü (.„;:!?--/%) 1234567890

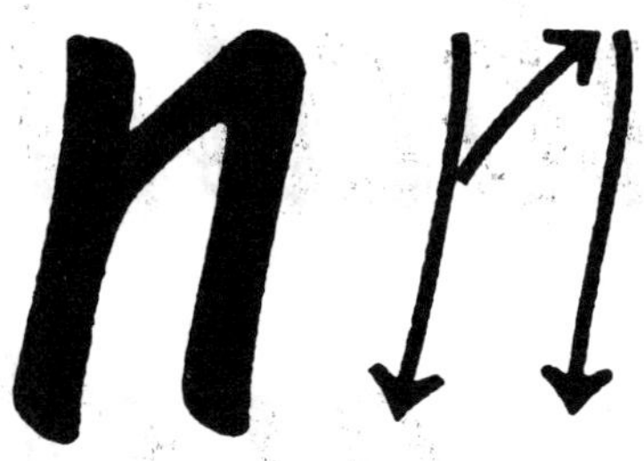

Die Gleichstrichkursiv ist eine schnell schreibbare, für jedermann leserliche und in ästhetischer Hinsicht den Anforderungen genügende Schrift.

Abb.103

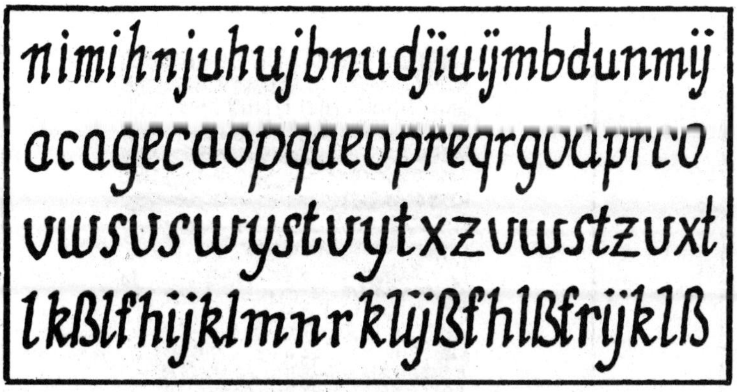

Abb.104

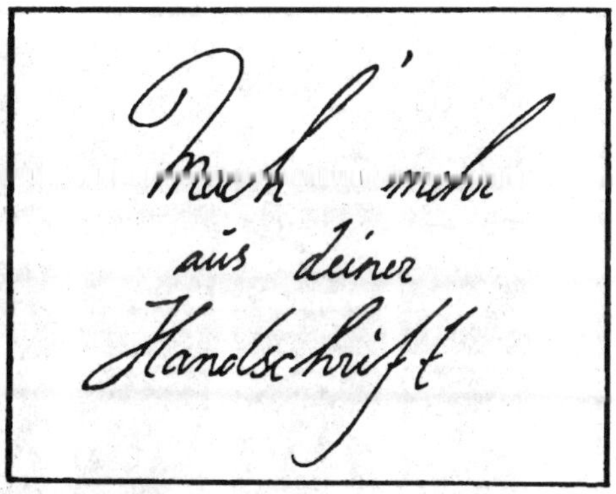

Abb.105

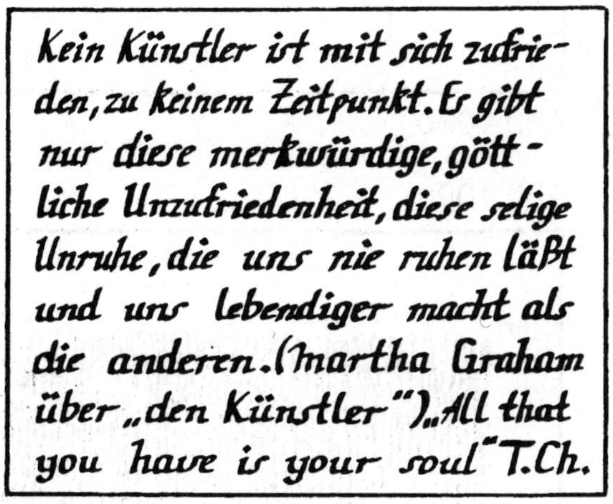

Abb.106

Abb. 107

Abb.108

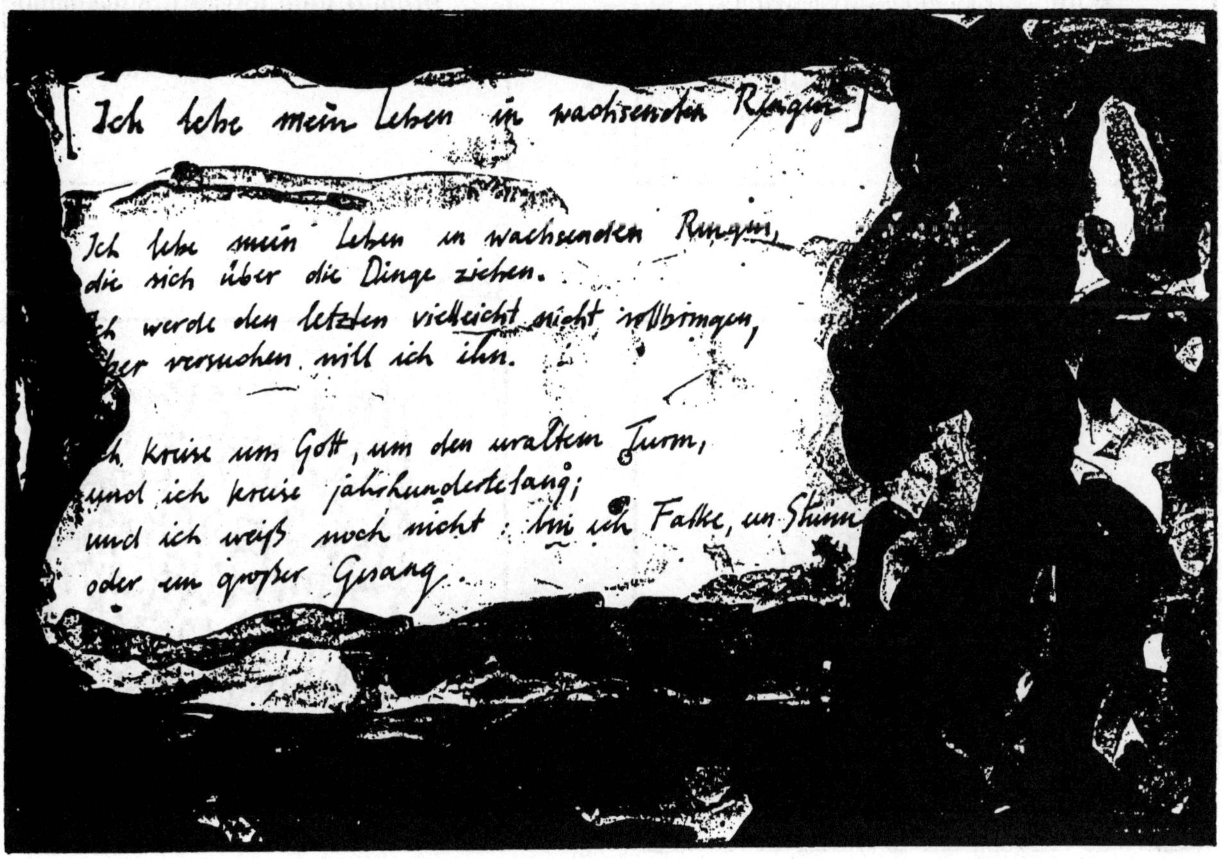

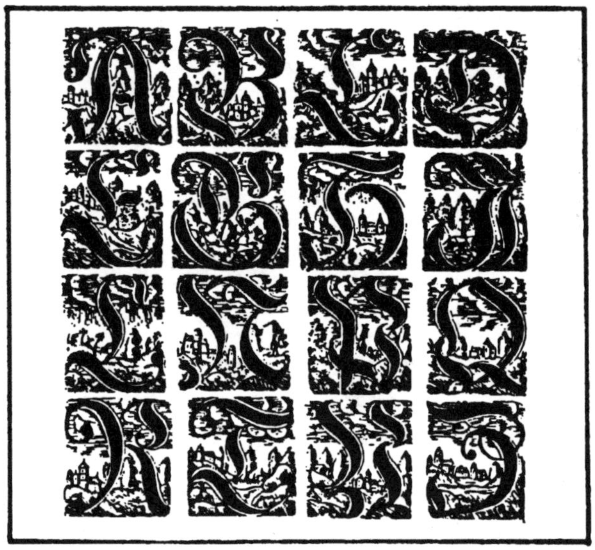

Abb.109a

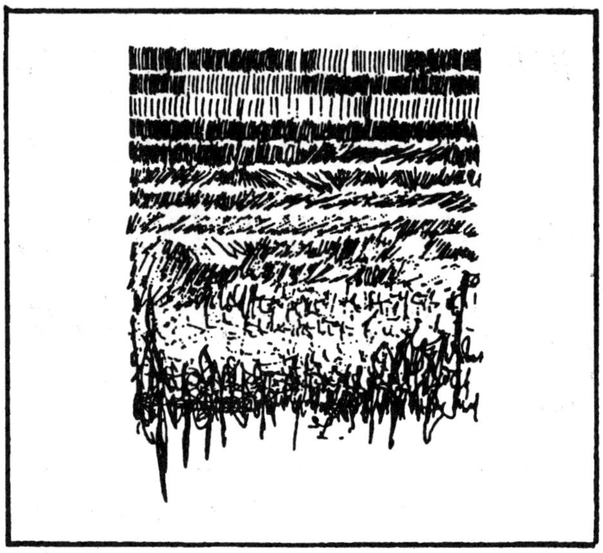

Abb.109b

Abb.109c

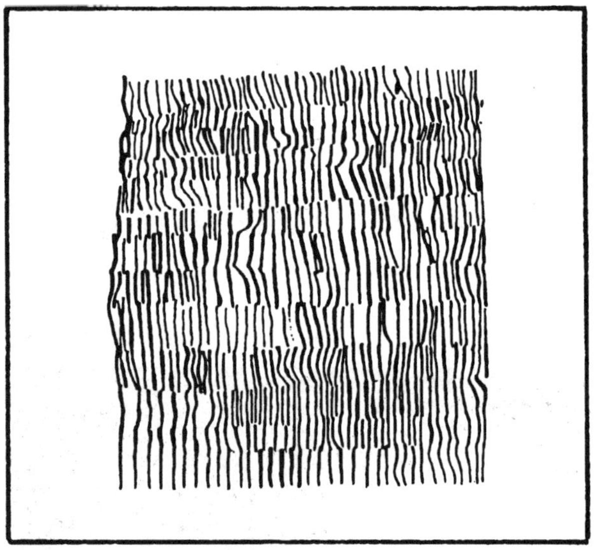

Abb.109d

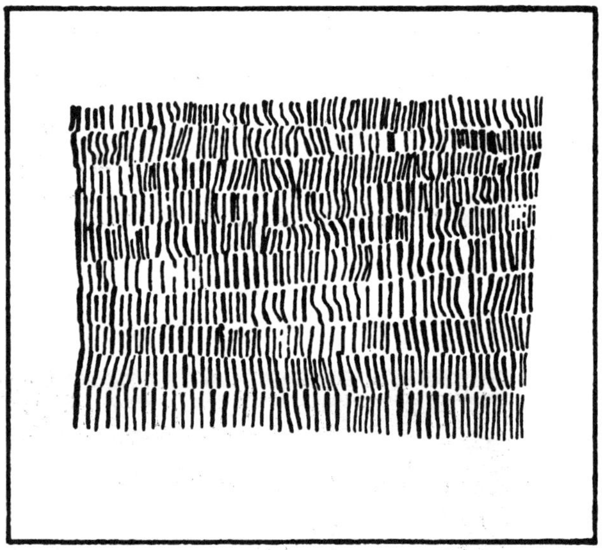

Abb.109e

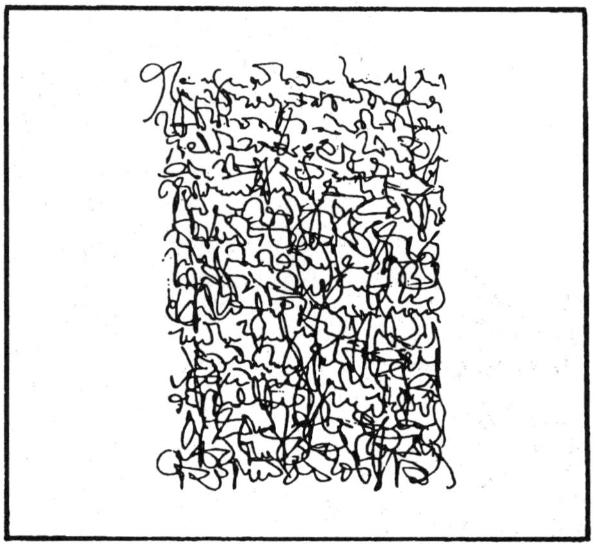

Abb.109f

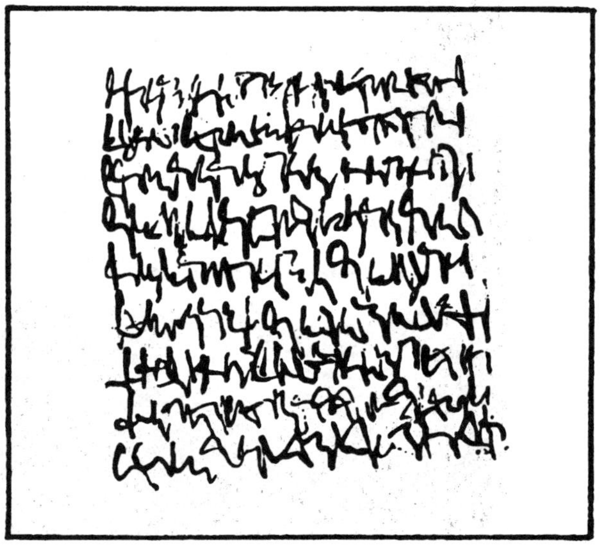

Abb.110

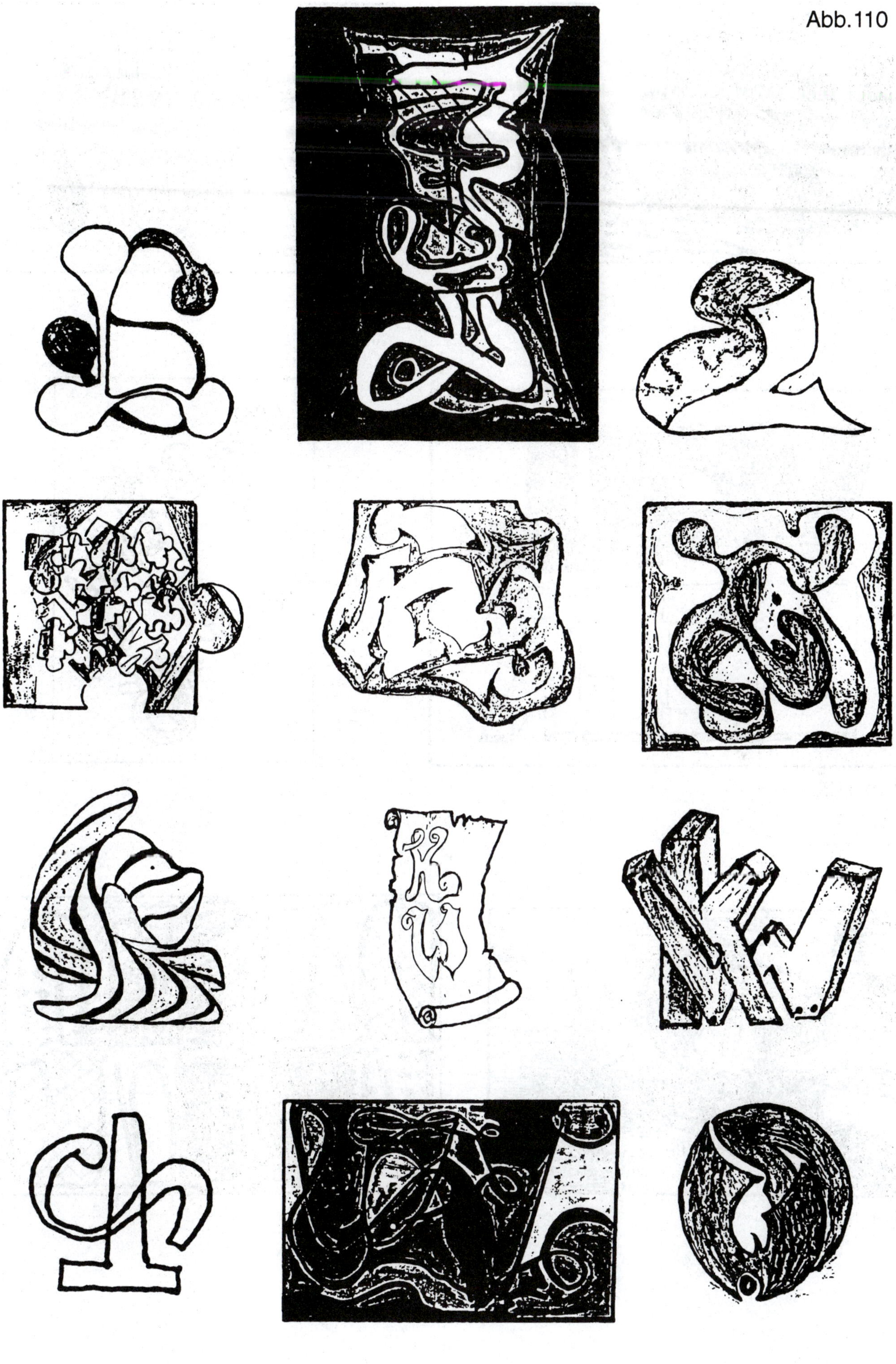

Abb.111

Abb.112

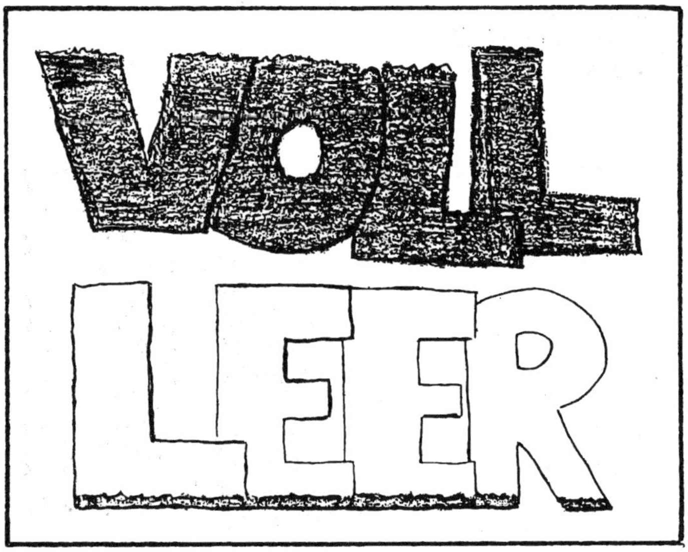

Abb.113

Abb.114

Abb.115

Abb.116

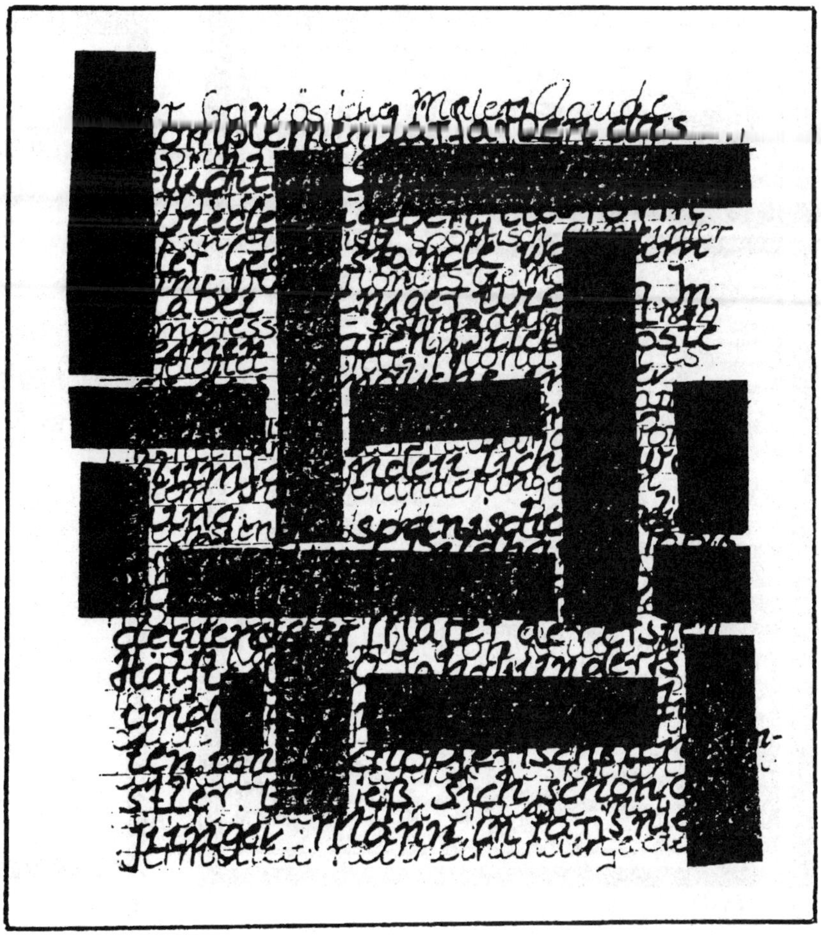
Abb.117a

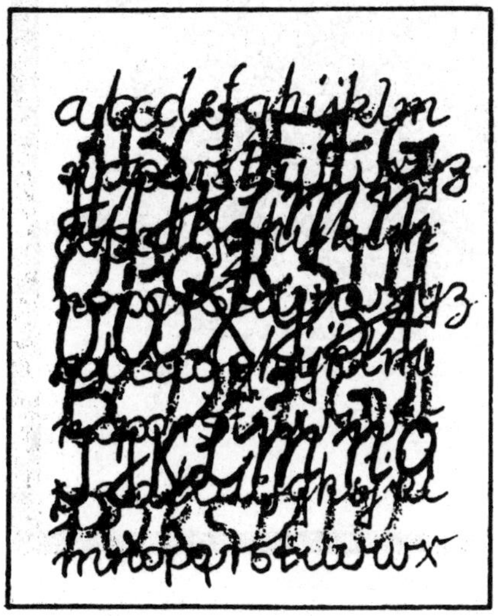
Abb.117b

Abb.117c

Abb.117d

Abb.118

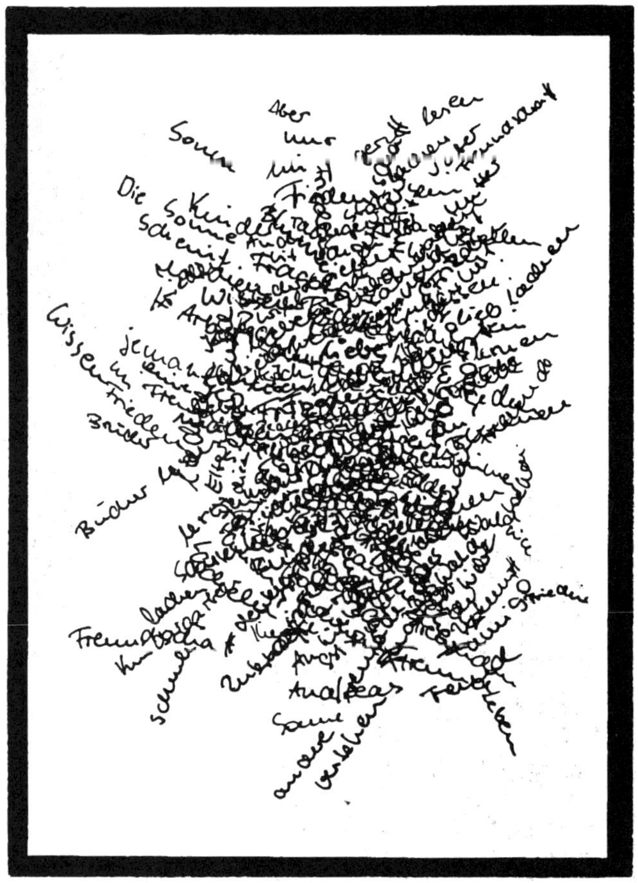

Abb.119

Abb.120

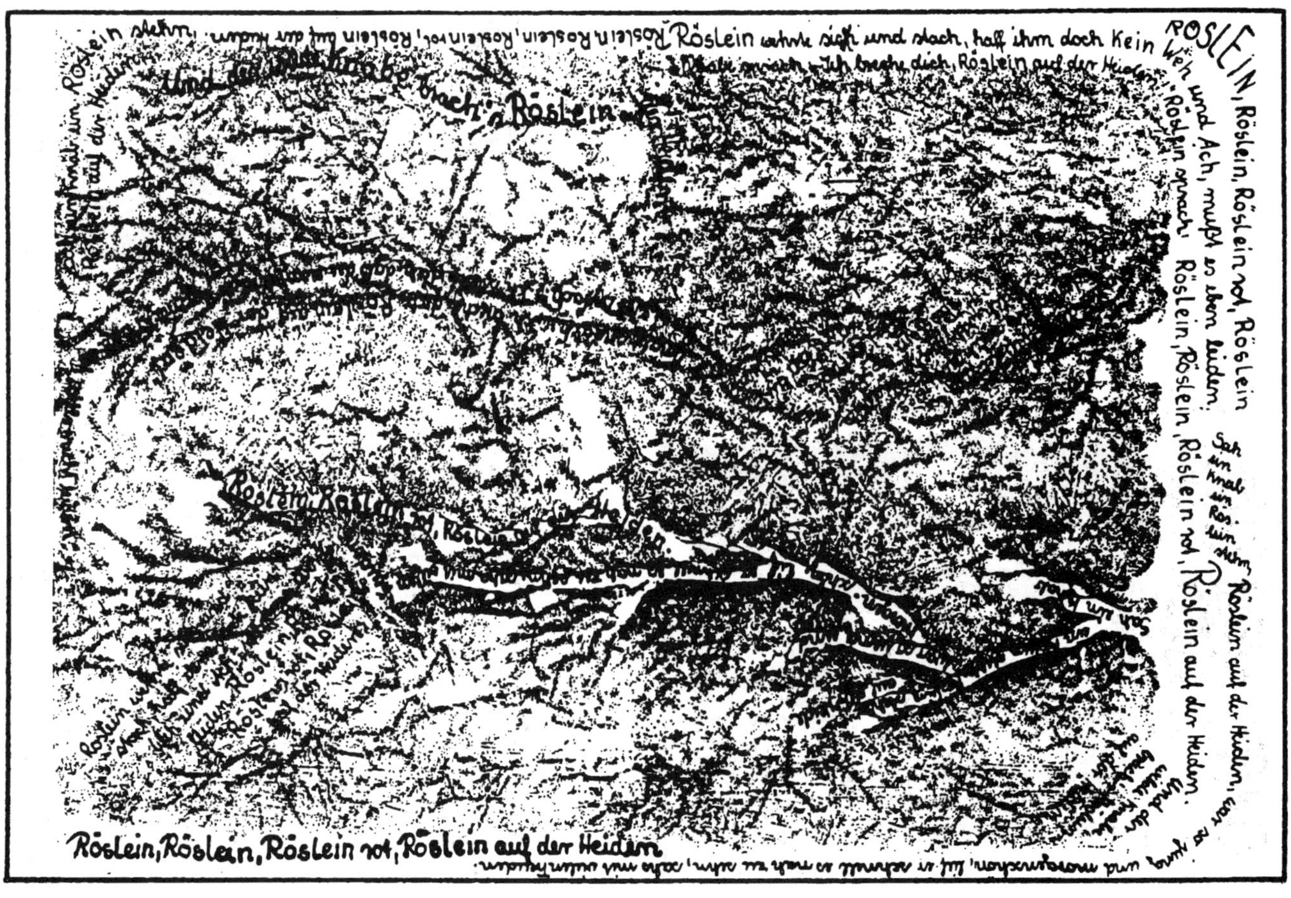

Abb.121a

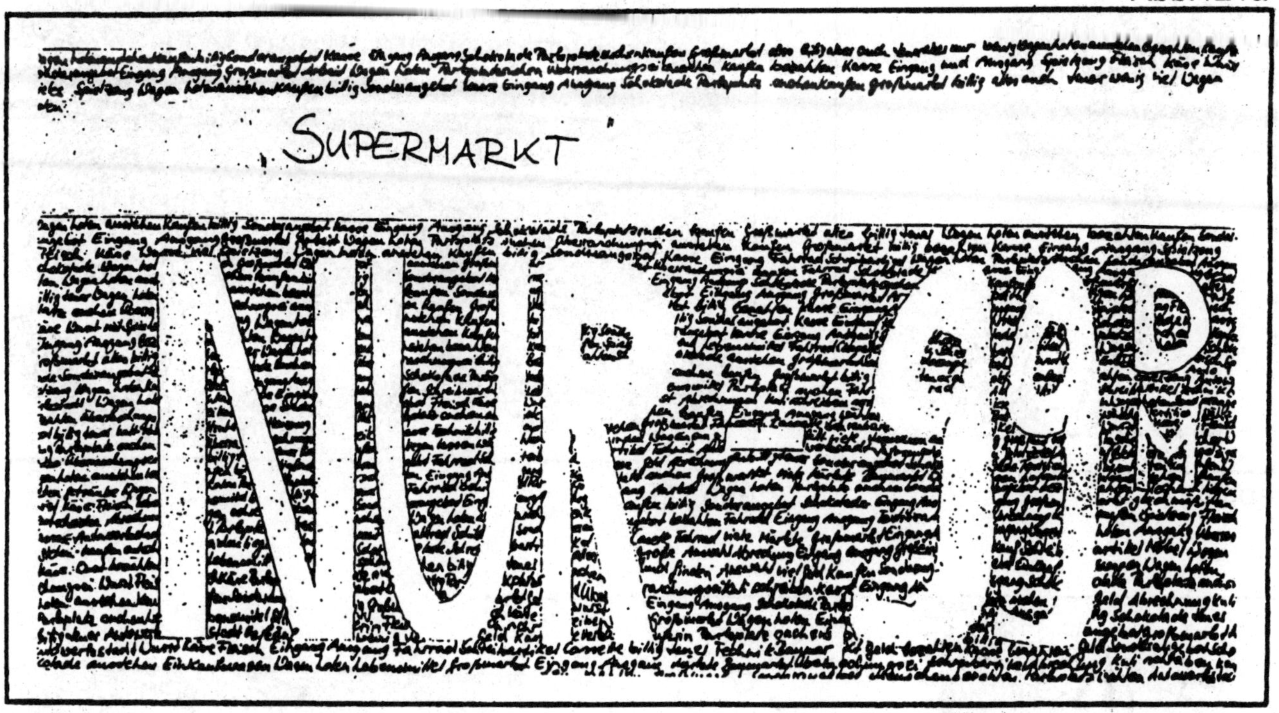

Abb.121b

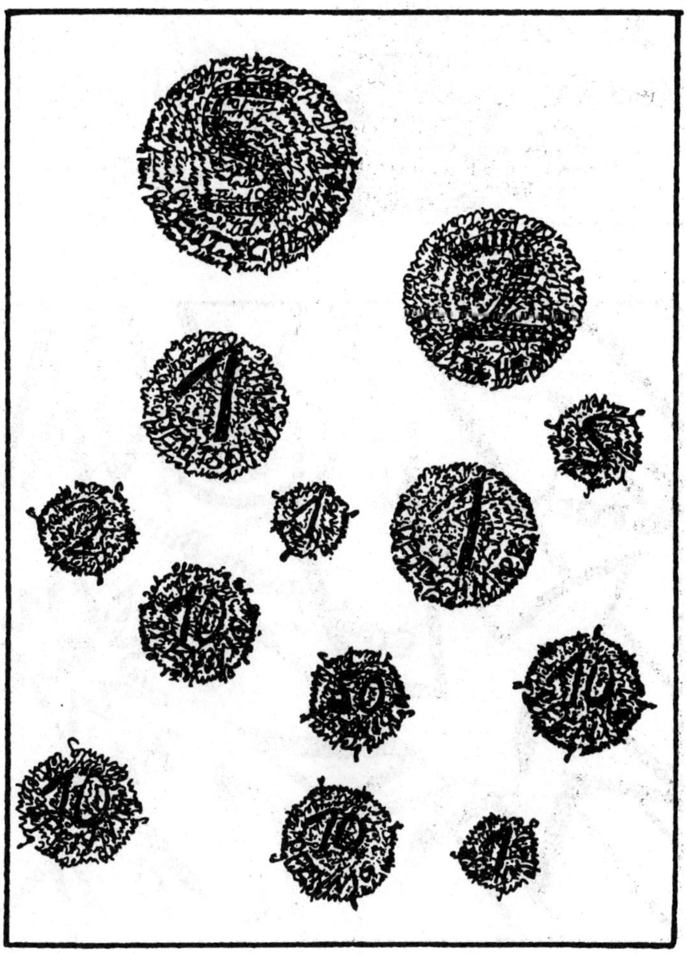

Abb.121c

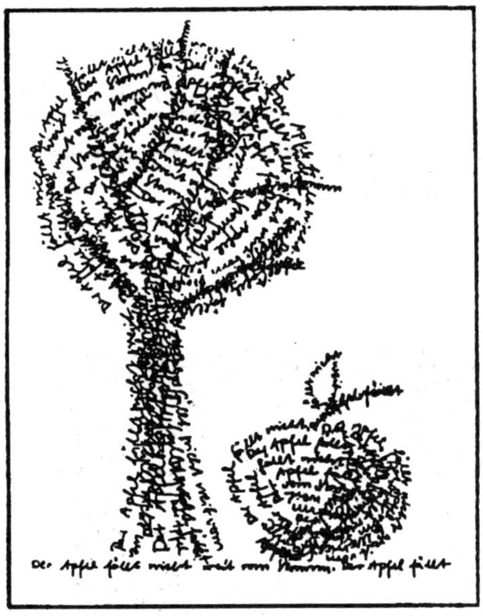

Abb.122

Abb.123

Abb.124

Abb.125

Abb.126

Abb.127

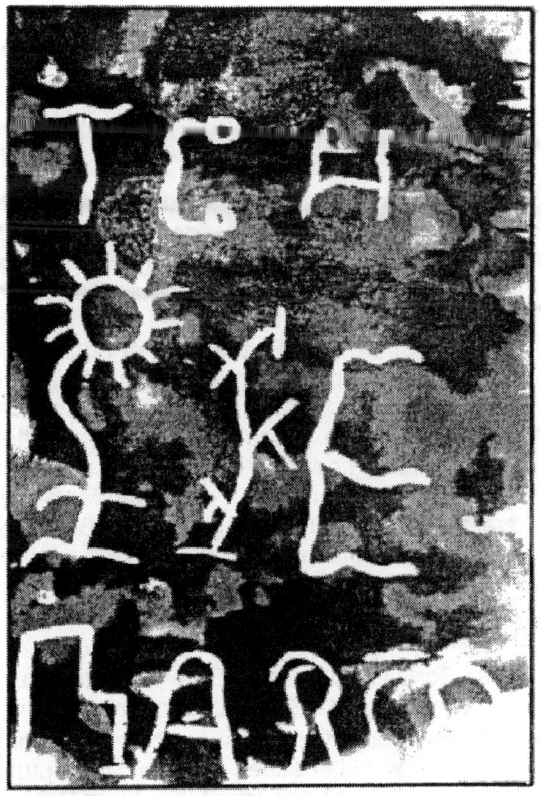

Abb.128

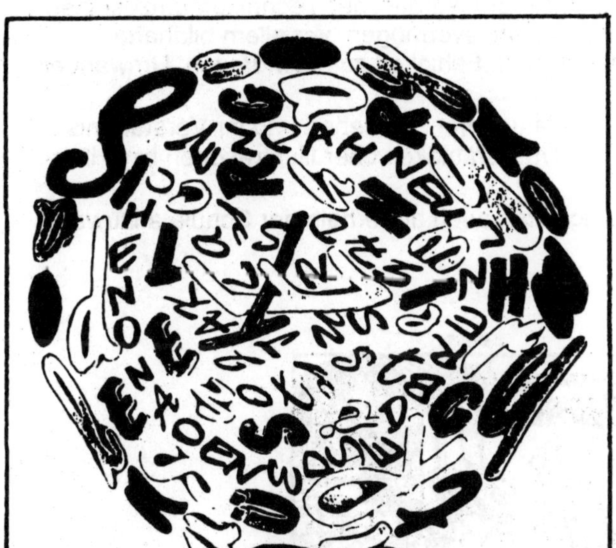

Abb.129

Abb.130

III. Beispielsammlung zur Illustration (ca. 3-5 Std.)

1. Vorbemerkung:

Seit der Erfindung des Buchdrucks in Deutschland um 1440 entfaltete sich die Kunst des Illustrierens entsprechender Texte in besonderem Maße. Die Gestaltung der Bücher - also die Form und die Anordnung der Schrift und die Einbeziehung von Illustrationen - bildete eine inhaltliche, funktionale und ästhetische Einheit. Man kann deshalb bis heute Bücher, die diesen Ansprüchen gerecht werden, als Gesamtkunstwerke bezeichnen. Prinzipien sind dabei stets: gute Lesbarkeit, Halt- und Handbarkeit und ästhetische Gestaltung. In diesem Sinne sind Bücher immer auch - unmittelbar bzw. mittelbar, bewusst oder unbewusst - Mitgestalter unserer geistigen, kulturellen und ästhetischen Erfahrungen und Bedürfnisse. Das trifft vor allem auf heranwachsende Kinder und Jugendliche zu. Bücher sind ihre Begleiter seit der Vorschulzeit. Leider sind Bücher heute im Zuge ihrer massenhaften Verbreitung weitgehend zu Billigprodukten oder gar zu Wegwerfartikeln geworden. Das blieb nicht ohne negativen Einfluss auf die Kunst des Illustrierens.
In den Fachlehrplänen der Bundesländer wird deshalb das Genre „Illustration", besonders im Zusammenhang mit Druckgrafik und Buchgestaltung, als Lehr- und Lerngegenstand empfohlen. In unseren Unterrichtsbeispielen konzentrieren wir uns vor allem auf druckgrafische Anregungen.

2. Lernziele:

- Die Schüler sollen zum Entwerfen und Gestalten von Illustrationen mittels des Hoch- oder Tiefdrucks bei Anwendung der Gestaltungselemente Linie, Struktur, Hell-Dunkel befähigt werden.
- Sie erwerben Kenntnisse und wenden diese aufgabenbezogen an bezüglich
  - der künstlerischen Eigenart, Bedeutung und Funktion der Illustration zu Buch- und anderen Texten,
  - der Einheit von Inhalt, Text und Bild,
  - der Möglichkeiten und Prinzipien der formalen Verbindung von Text und Bild,
  - der Besonderheiten unterschiedlicher Arten des Illustrierens.
- Folgende Fähigkeiten sind besonders zu entwickeln bzw. zu vertiefen:
  - Das Vermögen, den Sinngehalt literarischer und anderer Textarten zu erschließen, entsprechende Bildideen und -entwürfe zu entwickeln und in die „ Sprache" druckgrafischer Techniken umzusetzen
  - Ästhetisches Gefühl, Erlebnisfähigkeit, Fantasie, Umgestaltungsvermögen, vor allem bildhafte Assoziationsfähigkeit, Konzentrations- und Variationsfähigkeit, Fähigkeit zum Umdeuten, Umwandeln sowie experimentelles Verhalten
- Dieser Stoffbereich bietet die Möglichkeit für die Schüler, Literatur tiefer zu erleben und ihr Verständnis dafür zu fördern. Das trifft auch auf ihr Interesse für und ihre Urteilsfähigkeit über Illustrationen bzw. illustrierte Bücher zu.
- Sie werden angeregt, die erworbenen Kenntnisse und Fähigkeiten auch außerhalb der Schule anzuwenden.

Holzschnitt zu Sebastian Brants „Narrenschiff" 1494

Lucas Cranach d.Ä. Der Papst verkauft Ablass / Aus dem „Passional Christi und Antichristi" / Holzschnitt / 1521

3. Unterrichtshinweise:

- Die Lernziele sind - sowohl inhaltlich als auch zeitlich - effektiv zu realisieren, wenn an bereits erworbene druckgrafische Erfahrungen der Schüler angeknüpft wird bzw. druckgrafische Aufgaben von vornherein mit der Gestaltung von Illustrationen verbunden werden. Kooperationsmöglichkeiten mit dem Literaturunterricht oder anderen Fächern sollten bewusst genutzt werden (z.B. projektorientierter oder Projektunterricht).
- Die Besonderheiten der Illustration und alle damit zusammenhängenden Fragen (siehe Lernziele) sollten anhand von ausgewählten Buchillustrationen bzw. anderen Arten von Illustrationen erörtert werden, auch z.B. anhand von illustrierten Büchern oder Textillustrationen, die die Schüler selbst ausgewählt und mitgebracht haben.
- Die Schüler sind von der Anschauung her mit den unterschiedlichen Arten der Illustrationen vertraut zu machen, deren Spannweite von textgetreuer Anlehnung und erläuterndem Schlüsselbild über die subjektive Aus- und Umdeutung des Textes durch die Illustration bis hin zur freien, für sich stehenden Illustration reicht.
- Es sollten solche Texte ausgewählt werden, die inhaltlich und sprachlich prägnante, anschauliche Vorstellungen und Assoziationen vermitteln, die die Fantasie besonders anregen und bei denen der Text in Bildmotive transformierbar ist. Dafür steht ein reiches Angebot zur Verfügung: Märchen, Sagen, Fabeln, Erzählungen, Romane, Gedichte, Anekdoten, Sprichwörter, Aphorismen u.ä.m., auch eigene Texte der Schüler (z.B. Gedichte, kleine Erzählungen, Reise- bzw. Erlebnisberichte o.ä.). Besonders eignen sich Gedichte, Anekdoten, kurze Erzählungen oder Fabeln für das Illustrieren. Sie sind zeitlich schneller erschließbar als z.B. Romane (die v.a. in der Sekundarstufe II empfehlenswert sind). Ihre meist gedrängte, lapidare Aussage, ihr Assoziationsreichtum erleichtern den Zugang zum Sinngehalt und die Entwicklung adäquater bildhafter Vorstellungen und Bilderfindungen.
- Es können entweder bestimmte Texte bzw. Textpassagen für alle Schüler verbindlich gemacht (z.B. für alle Schüler kopierte Gedichte, Sammlung von Sprichwörtern o.ä.) oder die freie Wahl durch die Schüler bevorzugt werden.
- Nicht die Texte sollten „bebildert" werden, sondern das Erlebnis, die Gedanken, Gefühle und Assoziationen der Schüler zum Text sollten Gegenstand und Inhalt der bildnerischen Arbeit sein. Deshalb sollte der Sinngehalt der Texte erschlossen und individuell nacherlebt werden. Schönheit und Klang der Sprache, die Gefühlswerte und Stimmungen, die von den Texten ausgehen, sollten die Schüler auf sich wirken lassen, um sich für die Illustration zu motivieren.
- Eine Schlüsselfunktion kommt den Ideenskizzen, Bildvarianten und -entwürfen zu. Hier suchen die Schüler ihre Gestaltungskonzeptionen bezüglich ausgewogener visueller Verhältnisse zwischen Text und Bild, Format, Satzspiegel und Sprachcharakter. Für diese entscheidende Probier- und Suchphase ist genügend Zeit zu lassen; dabei sind individuelle Gespräche bzw. Beratungen des Lehrers mit den Schülern wichtig, z.B. hinsichtlich der Konzentration auf das bildhaft Wesentliche, aber auch bezüglich bildnerischer Möglichkeiten und Mittel der Verdichtung, Zuspitzung oder Verfremdung, der Formreduzierung und der Differenzierung der Bildvorstellungen. In dieser Phase sind die vereinbarten spezifischen druckgrafischen Verwirklichungsmittel schon zu berücksichtigen.
- Zu empfehlen ist auch, dass die Beziehungen zwischen Text, Format und Bild zunächst anhand ausgeschnittener Textteile (selbstgeschriebene bzw. aus Zeitungen usw.) und Bildreproduktionen erprobt werden. Sie ermöglichen eine Vororientierung und sichere Realisierung der angestrebten Gestaltung.
- Für die abschließende, praktische druckgrafische Arbeit verweisen wir auf die Abschnitte I und II. Das betrifft auch die zu wählenden Materialien und Techniken.

Heinrich Vogeler
Titelseite der Zeitschrift
„Die Insel" / 1900

Ernst Barlach / Titelseite / 20 Holzschnitte zu Goethes „Walpurgisnacht" / 1923

4. Kunstbetrachtung:

Zur Anregung seien aus der Fülle großer Illustratoren einige markante Namen angeführt: Albrecht Dürer (z.B. Illustrationen zur „Apokalypse"), Hans Holbein d.J. (z.B. „Totentanz"), William Hogarth, Gustave Doré, Honoré Daumier, Lovis Corinth, Käthe Kollwitz, Alfred Kubin, Ernst Barlach, Paul Holz, Oskar Kokoschka, Heinrich Vogeler, Max Beckmann, Josef Hegenbarth, Max Schwimmer, Werner Klemke, Horst Janssen

5. Literaturempfehlungen:

- Karl Klaus Walther: „Lexikon der Buchkunst und Bibliophilie", Weltbild-Verlag Augsburg, 1994
- Johannes Eucker: „Texte werden Bilder", in „Kunst und Unterricht", Heft 129 / 1989, S. 38

6. Beispiele: Abb.131: Illustration zu „Wintersee" von Peter Huchel. Die Illustration ist aus einem Abdruck zerknitterter Aluminiumfolie entstanden, auf dem mit Feder und Tusche nachträglich ergänzend gezeichnet worden ist. Kl.7 / **Abb.132:** Eine freie Tuschzeichnung mit Pinsel zu „Klage" von Rainer Maria Rilke, Studentenarbeit / **Abb.133:** Mit Kartondruck gestalteter Einbandentwurf zu Gedichten von Georg Herwegh, Kl.7 / **Abb.134:** Illustration zu einem Gedicht von Pablo Neruda, Kratztechnik, Kl.7 / **Abb.135:** Illustration zu „Lob des Lernens" von Bertolt Brecht. Die Schrift ist blockhaft als Bildsockel einem Selbstporträt mit symbolhaften Zeichen („Denkblase") zugeordnet. Feder, Tusche, Kl.8 / **Abb.136:** Illustration zu „Der Rauch" von Bertolt Brecht, Feder, Tusche, Kl.6 / **Abb.137:** Illustration zu einem Gedicht von Herrmann Hesse, Radierung, Kl.11 / **Abb.138:** Illustration zu „Beschreibung vollkommener Schönheit" von Christian Hofmann von Hofmannswaldau, Radierung, Kl.11 / **Abb. 139-141:** Farbige Linolschnitte zu „Hasenohren" von Fritz Reuter, Kl.8 / **Abb.142:** Kaltnadelradierung zum Bauernkrieg, Text mit aus Papier geschnittenen Anfangsbuchstaben (Initial) und Vignette (Jahreszahl), Kl.8 / **Abb.143:** Ein Beispiel der engen Verbindung von Schrift und Bild (Linolschnitt), Künstlerische Arbeitsgemeinschaft des Kinderheims Pretzsch/Elbe, Kl.6-8 / **Abb.144:** Kalenderblatt, Linoldruck, Künstlerische Arbeitsgemeinschaft des Kinderheims Pretzsch/Elbe, Kl.6-8 / **Abb.145a und b, 146:** Freie Aquatintaradierungen zu jüdischen Sinnsprüchen, Kl.11

Klaus Ensikat / Illustrationen zu Schüttelreimen von Martin Karau / 1977 / Aquarellierte Federzeichnungen

Schülerarbeiten:

Abb.131

Abb.132

Abb.133

Abb. 134

Abb. 135

Abb.136

Abb.137

Abb.138

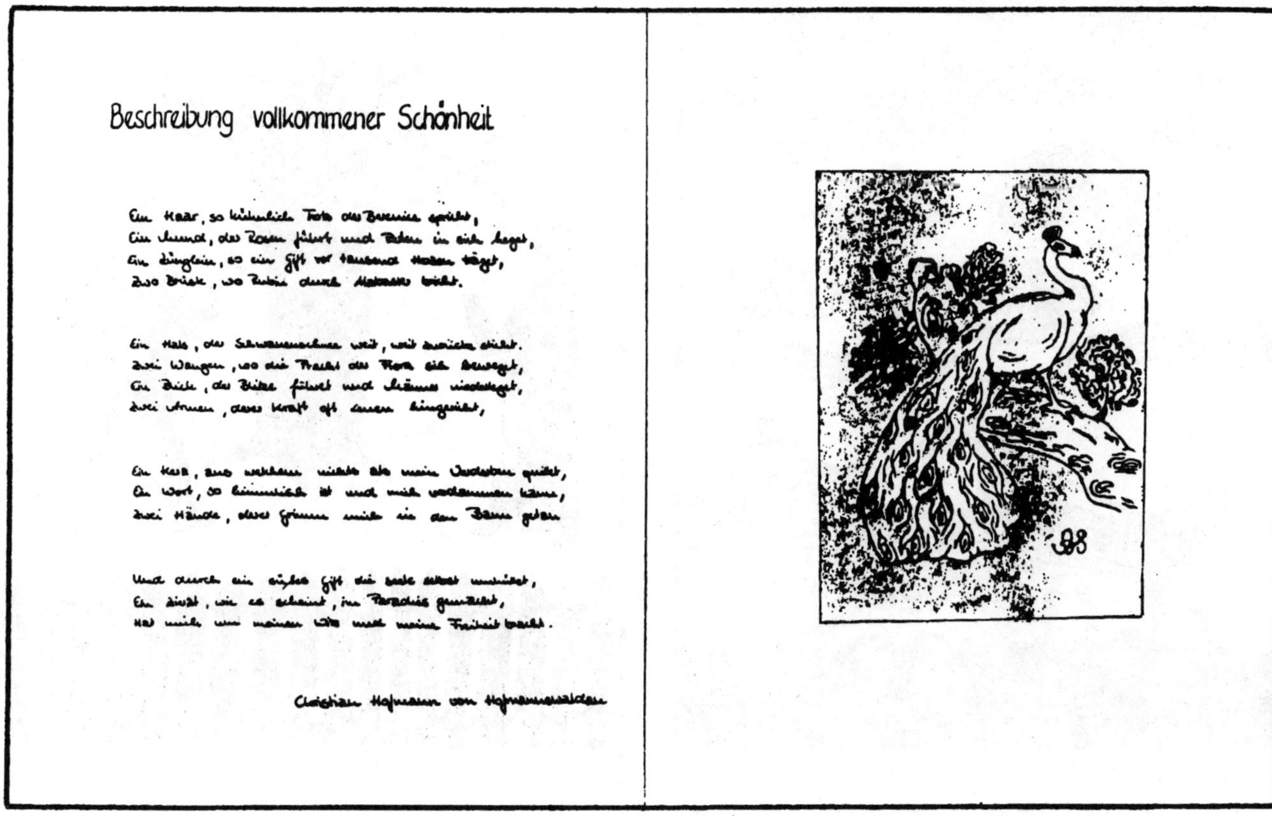

Abb.139, 140, 141

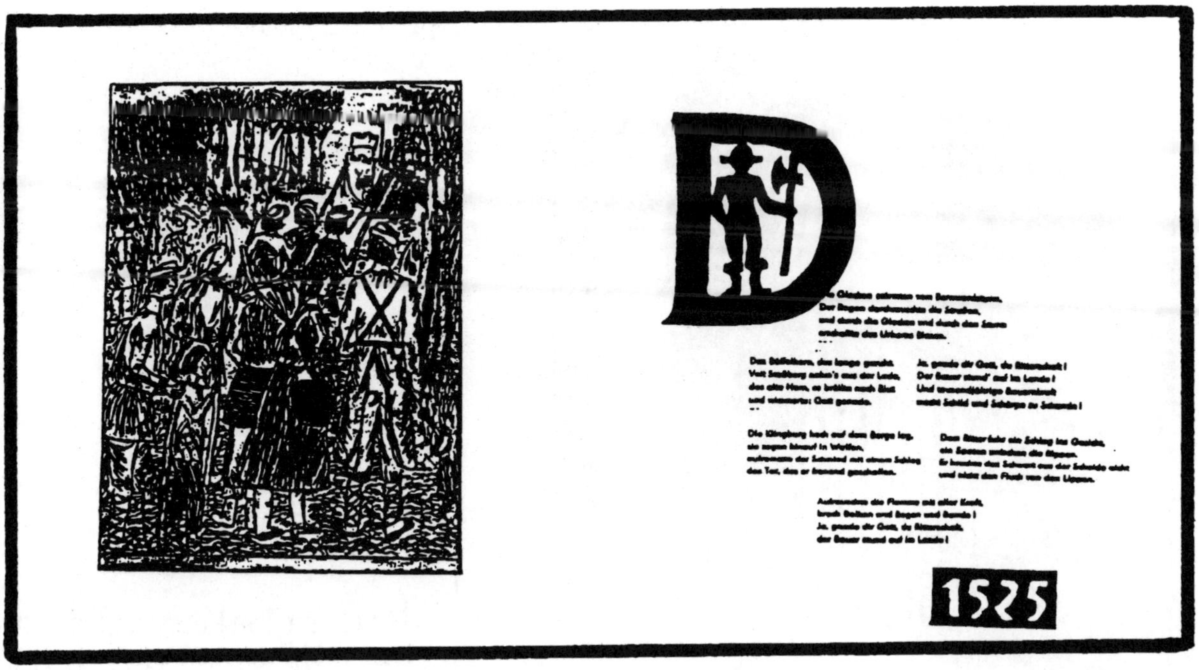

Abb.142

Abb.143

Abb.144

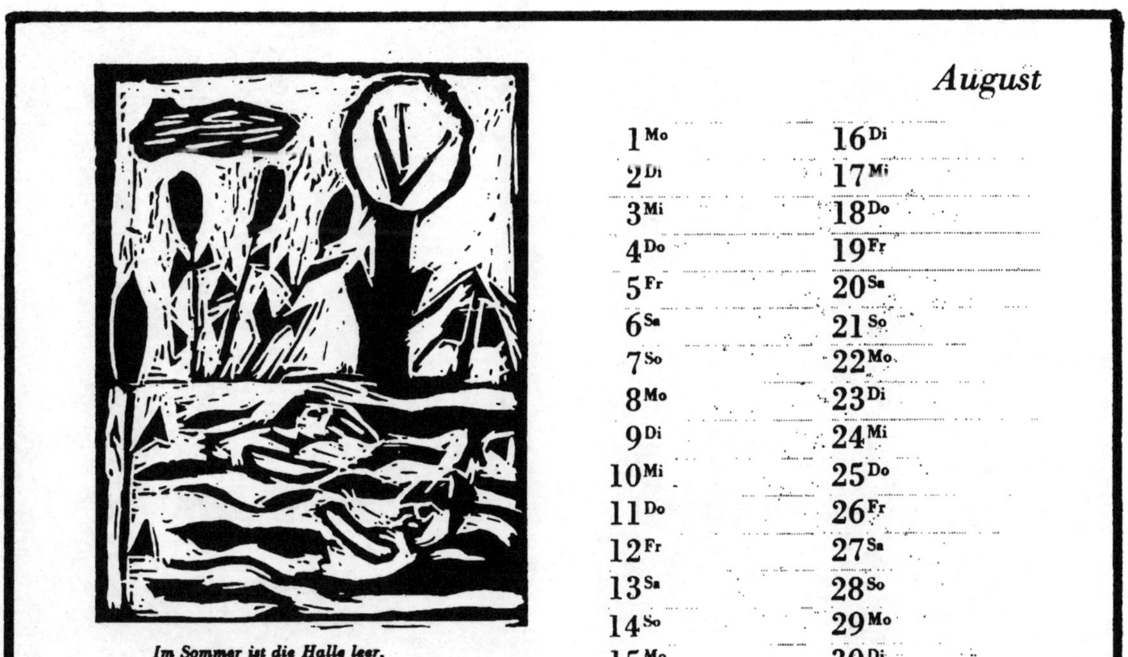

Abb.145a und b

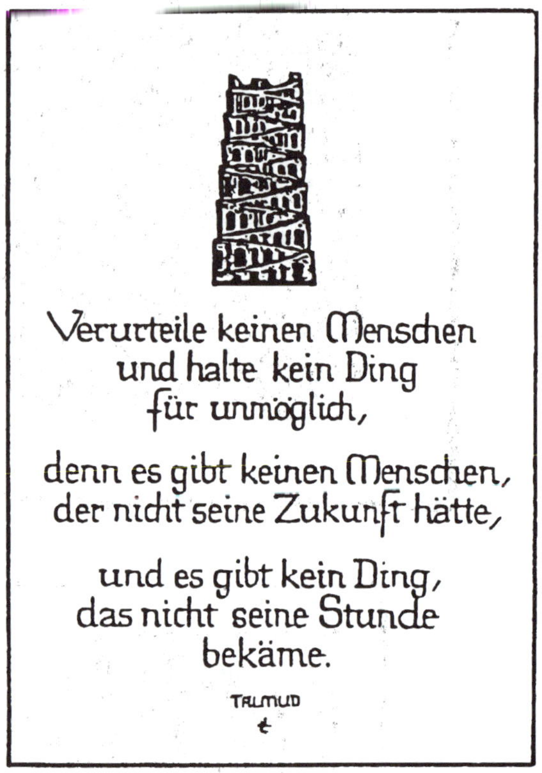

Abb.146

IV. Beispielsammlung zur Gestaltung von Büchern (ca. 5-6 Std.)

1. Vorbemerkung:

Mit dem Buch sind die Schüler bereits seit dem Vorschulalter vertraut. Bücher sind (oder sollten es sein) ihre unersetzlichen „Wegbegleiter" ins Leben, gleichsam „Schlüssel" für die Aneignung der menschlichen Kultur und ihrer Wertvorstellungen. Die Kinder und Jugendlichen verbinden mit Büchern der unterschiedlichsten Art vielfältige Erfahrungen, Gefühle, Gedanken und Assoziationen, auch ästhetische Anmutungen und Wertungen, die sowohl positiv als negativ gefärbt sein können. Die Spannweite reicht hier vom geliebten Märchen- und Geschichtenbuch - als lebenslanger Begleiter - bis zum gehassten Schulbuch als notgedrungener zeitweiliger Pflichtgegenstand, von heimlich verschlungener, von den Eltern verbotener Lektüre bis zu immer wieder gelesenen Büchern, die Schlüsselerlebnisse mit lebensprägender Wirkung auszulösen vermögen. Deshalb stößt das Gestalten von Büchern (im Zusammenhang mit Schrift und Illustration) bei den Schülern auf großes Interesse und löst - trotz digitaler Speicherungssysteme und Computer - Engagement und produktive Aktivität aus.

2. Material/Technik:

Vor Beginn des Unterrichts sollten vom Lehrer und von den Schülern Bücher als Lehr- und Anschauungsobjekte ausgewählt werden. Man braucht Zeichen- und Malmaterialien für Ideenentwürfe und Skizzen. Für Illustrationen oder Vignetten können drucktechnische Materialien verwendet werden. Nicht mehr genutzte Bücher, Broschüren oder z.B. alte, auf starke Pappe gedruckte Kinderbücher kann man als Material zum Bearbeiten und Umgestalten nutzen. Weiterhin benötigt man Bild- und Schriftmaterial für die Buchgestaltung, u.a. auch für Illustrationen (Bildzitate, Fotos, gedruckte oder geschnittene Schrift, Schriftsatzspiegel u.ä.m.), auch Natur- und Technikmaterialien (Textilien unterschiedlicher Art, z.B. Polsterbezüge; Leder, z.B. alte Handtaschen; Metallfolien usw.). Zur praktischen Arbeit braucht man Schere, Teppichmesser, Falzbein, Leim, Bindfaden, dünnen Draht, unterschiedliche Pappen, Kunststofffolien, Tapete, getönte Papiere, Kleisterpapiere oder handgeschöpfte Papiere.
Zur Herstellung von ***handgeschöpften Papieren*** nutzt man als Grundstoff starke Zellulosepapiere, Eierbehälter, farbige Servietten o.ä. Diese werden zu kleinsten Stücken gerupft, in einem Eimer Wasser geweicht und mit einem elektrischen Quirl (z.B. Küchenmixgerät) oder mit Handquirl zerkleinert und zu einem feinen, sämigen Brei (Papiermaché) verrührt, der anschließend mit etwas Wasser in einen Plastik-Behälter gefüllt und mit Tapeten- oder Weizenkleister versetzt und wieder gut durchgemischt wird. Je nach Gestaltungsabsicht können Lebensmittelfarbe, Kupferoxyd (gibt metallischen Glanz) oder andere „Einsprengsel" - wie z.B. kleine, zerriebene, getrocknete Naturmaterialien (Blütenblätter, Pflanzenteile, Laubblätter, Maisstroh o.ä.), auch klein geriebene Zeitungsschnipsel usw. - eingerührt werden (vgl. Abb.147). Werden verschiedenfarbige Papierblätter gewünscht, dann muss in unterschiedlichen Behältern die entsprechende Farbe mit der „Urmasse" verrührt werden. Ein Handsieb wird mit genügend Papiermaché gefüllt, das Wasser (z.B. mit einem kleinen Stampfer) herausgedrückt und anschließend wird die Masse als mehr oder weniger dünne Papierlage gleichmäßig auf einem genau waagerecht liegenden Stofftuch oder einem Filzlappen ausgebreitet. Darauf kann man wieder eine Stoffbahn o.ä. legen. Je nach Grundmasse dauert das Trocknen der „Lagen" 1 bis 3 Tage. Es empfiehlt sich, diese Arbeiten in einem besonderen Raum (z.B. Werkraum) durchzuführen.

3. Lernziele:

- Die zentrale Aufgabe besteht darin, die Schüler zu befähigen, ein Buch nach vereinbarten bzw. frei gewählten Themen durch Anwendung gestalterischer Prinzipien und unterschiedlicher Materialien bzw. Techniken anzufertigen. Sie sollten dabei die Einheit und die Wechselbeziehungen aller Bestandteile des Buches als ***Gesamtkunstwerk*** wahrnehmen, begreifen und berücksichtigen.
- Sie erwerben Kenntnisse und Fertigkeiten bezüglich
  - der Beziehungen zwischen Inhalt, Funktion und Form aller Bestandteile (Einband, Schutzumschlag, Vorsatzpapier, Satzspiegel, Schriftcharakter und Illustration),
  - der Materialien, Techniken und Herstellungsverfahren von handgeschöpften Papieren, Kleisterpapieren und einfachen Buchbinder-Techniken (geheftet oder klebegebunden).
- Die Schüler wenden Schneide-, Reiß-, Druck-, Klebe-, Montage- und Collagetechniken, grafische und farbige Gestaltungsmittel sowie die Illustration im Sinne der Buchkonzeption an.
- Bei der komplexen Gestaltung von Büchern sind das ästhetische Erleben und Wahrnehmen (z.B. das Gespür für Materialeigenschaften und -wirkungen), die Fantasie, Kombinations-, Assoziations- und Umgestaltungsfähigkeit und das experimentelle Verhalten der Schüler zu fördern.
- Wegen des komplexen, gestalterisch aspektreichen Charakters der Aufgaben kommen der Organisationsfähigkeit und dem konzeptionellen Denken der Schüler besondere Bedeutung zu.
- Ebenso sind Kooperationsbereitschaft, Partnerschafts- und Gruppenarbeit zu fördern.
- Die Schüler sollen angeregt werden, die erworbenen Kenntnisse und Fähigkeiten in ihrem Lebensumfeld anzuwenden (Tagebuch, Reisetagebuch, Geschenkbuch, Gästebuch, Bändchen mit eigenen Gedichten, Familienchronik o.ä.).

Aus der Geschichte des Buches

A

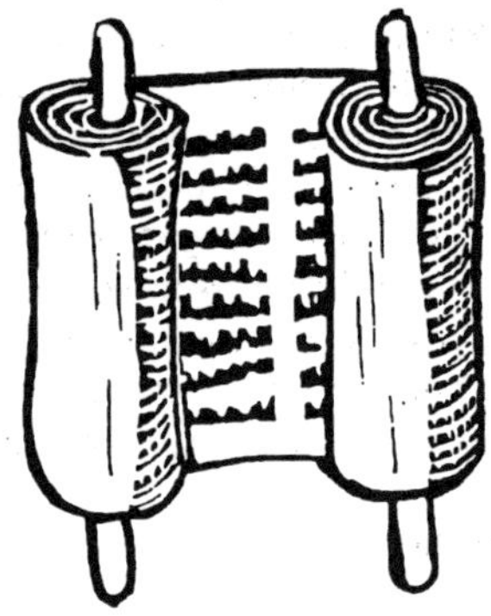

B

C

D

E

F

G

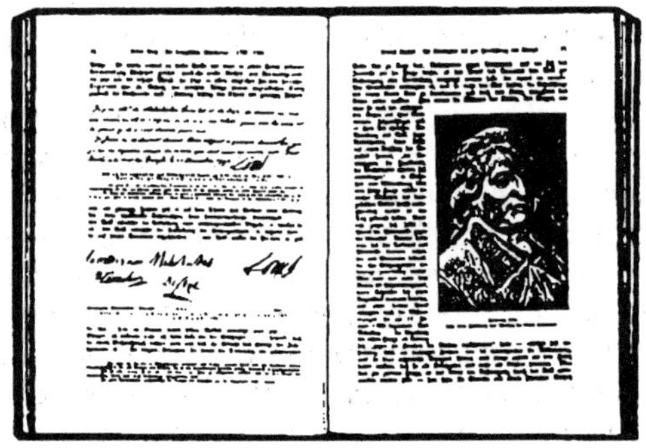

H

Buchherstellung

I. Bestandteile des Buches:

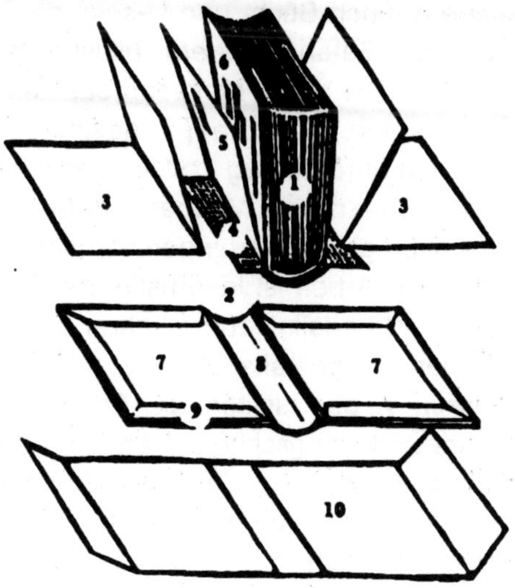

Das Buch besteht aus drei Teilen: dem Buchblock (1), der Einbanddecke (2) und dem beide Teile verbindenden Vorsatzpapier (3).
Die einzelnen Druckbogen werden gefalzt und auf einem Gewebestreifen (4) zum Buchblock zusammengeheftet und geklebt. Dann wird der Buchblock beschnitten. Die oberste Seite, die meist den Kurztitel oder das Verlagszeichen trägt, nennt man den Schmutztitel (5).
Die nächste Seite ist die Innentitelseite (6). Auf ihrer Rückseite oder auf der letzten Seite befindet sich das Impressum, das Angaben über Verlag, Rechte, Satz, Druck, Gestalter und Preis enthält.
Die Einbanddecke besteht aus den beiden Buchdeckeln (7), dem Rücken (8) und dem Bezug (9).
Beide Teile werden durch das Vorsatzpapier miteinander verbunden.
Die meisten Bücher haben zusätzlich einen Schutzumschlag (10); seine Gestaltung dient vornehmlich der Werbung.

II. Einbandarten:

Heft: Hefte umfassen nur eine geringe Seitenzahl. Die Hefte sind ineinandergesteckt und im Rücken draht- oder fadengeheftet. (Schulhefte, Zeitschriften) / **Broschur:** Die Broschur ist die billigste Einbandform für Druckerzeugnisse. Sie verzichtet auf einen festen Einband. Die Lagen sind draht- oder fadengeheftet, heute meist nur noch geklebt und mit einem flexiblen Kartonumschlag versehen. (Taschenbücher) / **Plasteinband:** Er ähnelt der Broschur, nur besteht der Einband aus flexiblem Plast. (Taschenkalender) / **Buch:** Das Buch unterscheidet sich von der Broschur durch einen festen Einband, dessen Deckel an den Seiten etwas über dem Buchblock überstehen. / **Pappband:** Er ist die einfachste und billigste Form des Bucheinbandes. Der Pappband hat feste Deckel, die meist mit Schmuckpapier bezogen sind, heute oft zellophaniert oder gelackt. (Kinderbücher, Schulbücher) / **Gewebeband:** Der Gewebeband gehört zu den gebräuchlichsten Einbandarten. Bei ihm ist die Buchdecke ganz mit Gewebe, z.B. Leinen, bezogen. / **Halbgewebeband:** Der Halbgewebeband hat papierbezogene Deckel und einen Geweberücken. / **Kunstledereinband:** Anstelle von Gewebe wird Kunstleder verwendet. (Lexika, Fachbücher) / **Leder- und Pergamenteinband:** Sie sind die ältesten und haltbarsten Einbandarten und werden heute nur noch für kostbare und repräsentative Bücher verwendet. Halbleder- und Halbpergamentbände sind Bücher, bei denen nur der Rücken mit dem entsprechenden Material bezogen wurde.

III. Bindungsarten:

Links: Fadenbindung

Rechts: Klebebindung

Abbildungen auf S. 90: A: Gebrannte Tontafel mit eingedrückten Keilschriftzeichen (Babylon) / **B:** Papyrusrolle (Ägypten). Der brüchige Papyrus ließ sich nicht knicken; er wurde deshalb aufgerollt. / **C:** Wachstafel-Notiz"buch" der Römer / **D:** Pergamentheft. Das Pergament (dünnes Leder) ließ sich knicken und zu Heften vereinigen, aus deren Zusammenfügung und Einbindung in feste Deckel die Form des Buches entstand. / **E:** Beutelbuch aus dem Kloster Kastl bei Nürnberg, 1454 / **F:** Hans von Reutlingen, Einband des Reichsevangeliars; Silber, vergoldet, Edelsteine; 15. Jh. / **G:** Codex, spätbyzantinische liturgische Handschrift, 14./15.Jh. / **H:** Doppelseite aus „Oskar Jäger, Weltgeschichte in vier Bänden, Bielefeld und Leipzig, 1902"

(Abb.A-D, S. 90, und Abschnitte I und II, S.91, aus: Jahreskalender der AG „Junge Drucker" des Kinderheimes Pretzsch, Leitung: W. Holtz)

6. Unterrichtshinweise:

Es bieten sich viele ***Einführungs- und Motivationsmöglichkeiten*** an, die zu konkreten Aufgaben führen können (vgl. auch S.6). So kann man problemorientiert an Erfahrungen der Schüler mit dem Buch anknüpfen: Vorlieben (Lieblingsbücher), Lesegewohnheiten, Meinungen über das Aussehen, die Gestaltung von Büchern, auch Buch- und Leseverdrossenheit. Anhand ausgewählter Beispiele, ebenso durch Vergleich von gut gestalteten Büchern (illustrierte Kinder-, Jugend- und Sachbücher, schöngeistige Literatur, Kunstbücher usw.) mit Massenprodukten werden Struktur, Bestandteile und Gestaltungsprinzipien von Büchern erarbeitet. Ein knapper geschichtlicher Abriss über Entstehung und Entwicklung des Buches ist zu empfehlen (Lehrervortrag oder Schüleraufträge). Ebenso können Unterrichtsgänge in Bibliotheken, Sonderabteilungen von Museen, größere Buchhandlungen, Antiquariate, Buchdruckereien oder Buchbinderwerkstätten gute Anregungen vermitteln.
Die praktische Arbeit ist langfristig durch klare Aufgabenstellung und gezieltes Sammeln bzw. Bereitstellen notwendiger Materialien durch Lehrer und Schüler abzusichern. Je nach Konzeption können Rahmenthemen und Art des zu gestaltenden Buches festgelegt bzw. von den Schülern frei gewählt werden. ***Vor der praktischen Arbeit*** sollten die Schüler durch den Lehrer vielfältige Anregungen bezüglich der Gestaltungsmittel und -möglichkeiten erhalten. Für die folgende ***Such- und Erkundungsphase*** sollte genügend Zeit eingeplant werden, damit die Schüler nach originellen Themen und Gestaltungsideen suchen, eine eigene Buchkonzeption entwickeln und verschiedene Materialien wählen, probieren, präparieren und kombinieren können.
Während der ***Realisierungsphase*** kann zwischen Einzel- und Gruppenarbeit variiert werden. Zwischen- und Endauswertungen, verallgemeinernde und ergänzende Rezeption und Reflexion sollten die Arbeit begleiten und abschließen.
Effektive Bedingungen ergeben sich (inhaltlich und zeitlich), wenn diese Stoffeinheit in ***Zusammenarbeit mit anderen Fächern*** (z.B. mit dem Literaturunterricht) oder als ***Projektarbeit*** geplant wird. Neben der Gestaltung von Büchern kann man sich auch für Kalender, Orts-, Schul- oder Klassenchroniken, eigene Gedichtsammlungen, anspruchsvoll gestaltete Unterrichts-Hefter (z.B. für den Literaturunterricht) o.ä. entscheiden (vgl. auch Abschnitt 3. Lernziele, letzter Absatz).

7. Literaturempfehlungen:

- „Kunst und Unterricht", Heft 186/1994, Thema: „Bücher machen"
- Rosemary Sassoon/Patricia Lovett: „Kreatives und spielerisches Gestalten mit Buchstaben", a.a.O., S.44
- Karl Klaus Walther: „Lexikon der Buchkunst und Bibliophilie", a.a.O.

8. Beispiele:

Abb.147: Handgeschöpftes Papier, z.T. gefärbt und mit kleingeriebenen Blättern und Blütenteilen versehen, Studentenarbeit / **Abb.148:** Titel und Rücktitel einer Gedichtsammlung. Der Titel besteht aus handgeschöpftem Papier, in das Naturfragmente eingearbeitet wurden. Studentenarbeit / **Abb.149:** Titel und Rückseite einer Aphorismensammlung. Titel: Collage mit vorgefertigtem Bildmaterial. Rücktitel: durchbrochene und unterlegte Pappfläche, Kl.10 / **Abb.150:** Buchdeckel, verformt, Zeichnungen mit Bleistift, kombiniert mit geschnittenen bzw. gerissenen Papierfragmenten, Kl.10 / **Abb.151:** Deckblatt zu einer Gedichtsammlung, Kartondruck, Kl.7 (vgl. S.84) / **Abb.152:** Tagebuch, gestaltet mit Pinsel und Tusche, Studentenarbeit / **Abb.153:** Buchseite, handgesetzte Schrift auf zum Teil eingefärbtem, handgeschöpftem Papier, Studentenarbeit / **Abb.154:** Titel für Einzelblätter zum Thema „Gegensatz", farbig marmoriertes, handgeschöpftes Papier; die Schrift auf den schwarzen und weißen Streifen ist geschnitten, Kl.10 / **Abb.155:** Ein Innenblatt (zu Abb. 154) mit geschnittener Schrift / **Abb.156 und 157:** Buchgestaltung einer künstlerischen Arbeitsgemeinschaft von Zwölf- bis Sechzehnjährigen, Kinderheim Pretzsch an der Elbe. Die Schrift wurde in einer hauseigenen Druckerei gesetzt. Der Einband besteht aus strukturiertem Kleisterpapier / **Abb.158:** Titel eines Einbandes, gestaltet mit Schrift und figürlicher Darstellung (Deckfarbe und Pinsel), Kl.10

Abb.147

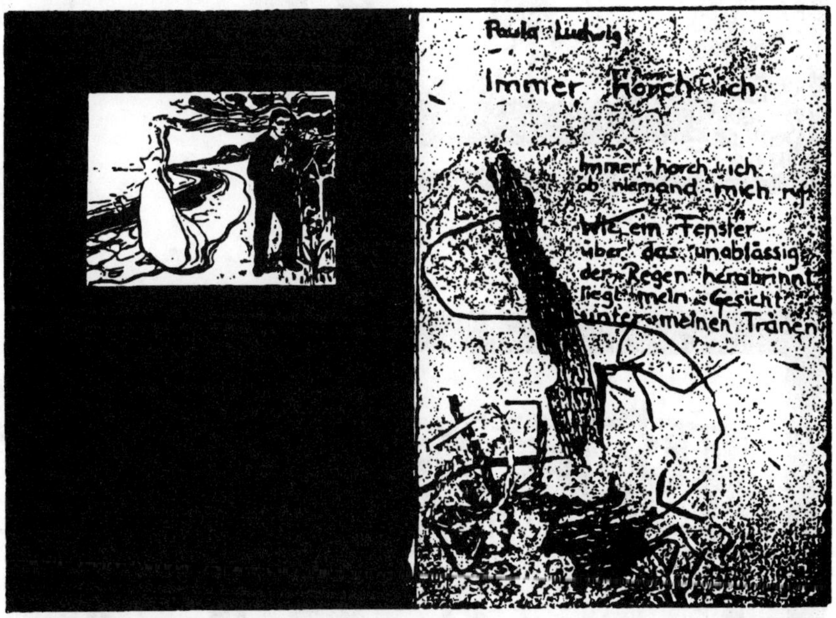

Abb.148

Abb.149

Abb.150

Abb.151

Abb.152

Abb.153

Abb.154

Abb.155

Abb.156

Abb.157

Abb.158

V. Beispielsammlung zur Computergrafik (ca. 3-6 Std.)

1. Vorbemerkung:

Eine ausführliche Darstellung aller medientechnischen und gestalterischen Möglichkeiten der Arbeit mit dem Computer im Kunstunterricht ist hier nicht beabsichtigt. Vielmehr sollen anhand collageartig zusammengefasster Erfahrungsberichte einige Anregungen gegeben werden, wie Computergrafik in den Kunstunterricht - auch in die außerunterrichtliche Arbeit - einbezogen werden kann, wenn die entsprechenden technischen Voraussetzungen hierzu vorhanden sind.
Zur Bedeutung und zu den Gestaltungsmöglichkeiten technischer Medien für neue, kreative bildkünstlerische Ausdrucksformen schreiben Johannes Kirschenmann und Frank Schulz: „ Technischer Fortschritt wird in der Geschichte der Kunst als indirekter Einfluss oder unmittelbare Gestaltungshilfe stets sichtbar. In der Kunst des 20. Jahrhunderts finden besonders die technischen Medien als Mittel der Information und Kommunikation rasch Beachtung seitens der Künstler. Ausgelotet werden die entsprechenden Möglichkeiten ... . Video und Computer eröffnen schließlich ganz neue Perspektiven zur ***Erzeugung, Be- und Verarbeitung sowie Präsentation von Bildern.*** Mit den technischen Medien erweitern sich so die Aktionsfelder für kreative Prozesse. Zugleich tritt der Künstler als Ideenspender oftmals hinter das technische Medium als seinem Werkzeug zurück" (in „Praktiken der modernen Kunst", Ernst Klett Schulbuchverlag Stuttgart, 1996, S.120).
Instruktive Darstellungen zur Computergrafik finden sich u.a. in „Grundsteine Kunst 1", Ernst Klett Schulbuchverlag Stuttgart, 1992, S.140-143. Dort wird darauf verwiesen, dass die meisten Menschen den Computer zum Rechnen und Datenverarbeiten brauchen. Manche nehmen ihn zum Spielen. Und in der Schule gibt es Informatikunterricht oder Unterricht in Computergrafik. Computer können viel mehr; sie können z.B. Bilderschauen mit Text, Bild und Ton automatisch ablaufen lassen; sie können Animationsfilme oder künstliche Musik erzeugen; sie können Bilder auf elektronischem Wege hervorbringen, schon vorhandene Bilder - auch Fotos und Videofilme - bearbeiten und verändern (EBV) oder Seiten mit Bild und Schrift erstellen (DTP). Jeder Computer ist auch eine Art Schreibmaschine; viele Werbebüros benutzen ihn. (vgl. S.140)

2. Gestalten mit dem Computer:

Computer können mit besonderen Grafik- und Malprogrammen Bilder erzeugen. Sie stellen dem Benutzer ähnliche Werkzeuge bereit, wie sie sonst auch zum Zeichnen und Malen benutzt werden. Folgende Funktionen sind u.a. möglich:

- Zeichnen: alle Arten von Linien, Strichstärken; freie und geometrische Formen; Flächenfüllungen aller Art; Muster, Oberflächenstrukturen
- Malen: deckender und lasierender Farbauftrag, Transparenzen verschiedener Art, Farbmischungen und -verläufe; sprühflaschenartige Techniken
- Darstellen von Grauwerten, von Hell-Dunkel, Licht und Schatten
- Darstellung als Positiv oder Negativ
- Vervielfältigungen: Reihen, Serien, Vergrößerungen und Verkleinerungen
- Spiegeln, verzerren, dehnen, stauchen, drehen, Symmetrien erstellen, biegen, zerlegen, zusammensetzen (vgl. **Abb.162**)
- Lupeneffekt: Feinbearbeitung von vergrößerten Ausschnitten
- Zusammenstellen von Bildern oder Bildteilen zu Collagen bzw. Montagen und Einbeziehen von Schriften aller Art (vgl. **Abb. 161,163-65,167,168,170**)
- Räumliche Darstellung, auch mit Lichtwirkungen
- Allgemeine Bildbearbeitung (auch von Fotos oder Videofilmen): Veränderung der Helligkeit, des Kontrasts, der Farbsättigung, der Schärfe; Ausschnitte, Doppelbelichtungen

Computer ermutigen zum spontanen und spielerischen Gestalten. Die Möglichkeit, das Computerbild in jeder Phase korrigieren zu können, macht es zu einem faszinierenden Objekt, das fortwährend verändert werden kann. Jeder Zustand der Arbeit kann abgespeichert und ohne Qualitätsverlust gedruckt bzw. kopiert werden. (Nach „Grundsteine Kunst 2", Ernst Klett Schulbuchverlag Stuttgart, 1994, S.130/131)

3. Computergrafik in der Unterrichtspraxis I (Erfahrungsbericht des Thomas-Gymnasiums Leipzig):

Die Ausstattung der Schule - auch im Kunstbereich - ist relativ gut, da eine Kunsterzieherin im Förderverein der Schule mitarbeitet. Kunsterzieher und Informatiker arbeiten eng zusammen. Laut Lehrplan wird in den Leistungskursen der Gymnasien der Einsatz von Foto, Video und Film verlangt. Der Kunsterzieher hat sich deshalb das Wissen über die Computergrafik selbst erarbeitet.
Die Schule verfügt über zwei Computerkabinette mit insgesamt 30 Computern (mit 486er bzw. 166 Hertz-Prozessor; 1 Gigabyte). Die Computer sind mit einem A-Zoll Bildschirm, mit dem Schreibprogramm „works" und dem einfachsten Malprogramm ausgestattet. Ein einzelner Computer ist nicht vernetzt; hier sind spezielle Teile einscannbar. Zum Gestalten von Zeitungen existiert ein „Publisherprogramm", mit dem Schüler Layouts gestalten können; ein Page-Maker-Programm wäre zu teuer. Auch ein Corel-Draw-Zeichen-Programm existiert noch nicht. Die Schule befindet sich im Internet; dadurch wird die Arbeit am Computer für die Schüler interessant. Es gibt eine „Homepage", eine Zeitung über in der Schule stattfindende Kurse, die ständig durch die Schüler aktualisiert wird, indem neue Texte und Layouts entworfen werden; diese „Homepage" soll später im Rahmen einer Arbeitsgemeinschaft auf Computer in den Klassenräumen übertragen werden.
Der Kunsterzieher der Schule legt Wert auf problemorientierte, kreative, praxisbezogene Arbeit mit dem Computer und wendet sich gegen eine Beschränkung auf bloßes Zeichnen und Malen mit diesem System. Es wird z.B. ein Pflanzenmotiv gezeichnet, das dann in Serie verändert, angereichert und farbig variiert wird. Im Kunstunterricht werden Plakate am Bildschirm entworfen, so dass z.B. aus Text, Layout und „importiertem" Bild ein Ganzes entsteht (vgl. **Abb.160**). Eine weitere Übung ist das Bearbeiten von Porträts (vgl. **Abb. 161**). Ebenso entstehen Computergrafiken zum Thema „Kosmos". Beim Thema „Jazz" wurden eingescannte Fotos bearbeitet, wobei verfremdende Formverläufe, Strukturen und Farben angestrebt wurden (vgl. **Abb. 162,163**). Für fiktive Firmen entstehen Plakate, Briefbögen und Logos in unterschiedlichen Layouts, Schriften und Farben. Wenn Schüler die Möglichkeit dazu haben, können solche Aufträge auch als Hausaufgaben gestellt werden. In vielen Klassen spielen Schüler ein Musikinstrument; daraus entwickelte sich die Aufgabe, eine eigene CD mit entsprechendem Cover (Text, Layout, Bild, Werbung) herzustellen (vgl. **Abb.159**). Weitere Arbeitsbereiche am Computer sind z.B. die Gestaltung von Programmheften für den Abiturball oder die Bearbeitung (Schnitt, Vertonung) eigener Videoaufnahmen. Zwei Schüler entwickelten eine in Buchform erschienene Zusammenfassung zur Herstellung von Computerbildern; sie verwendeten dabei das Programm Corel-Photo-Paint. Ein Ausgangsbild wurde mit einem Umax-Scanner eingescannt und über verschiedene Filterfunktionen bearbeitet (vgl. **S. 101-104**).

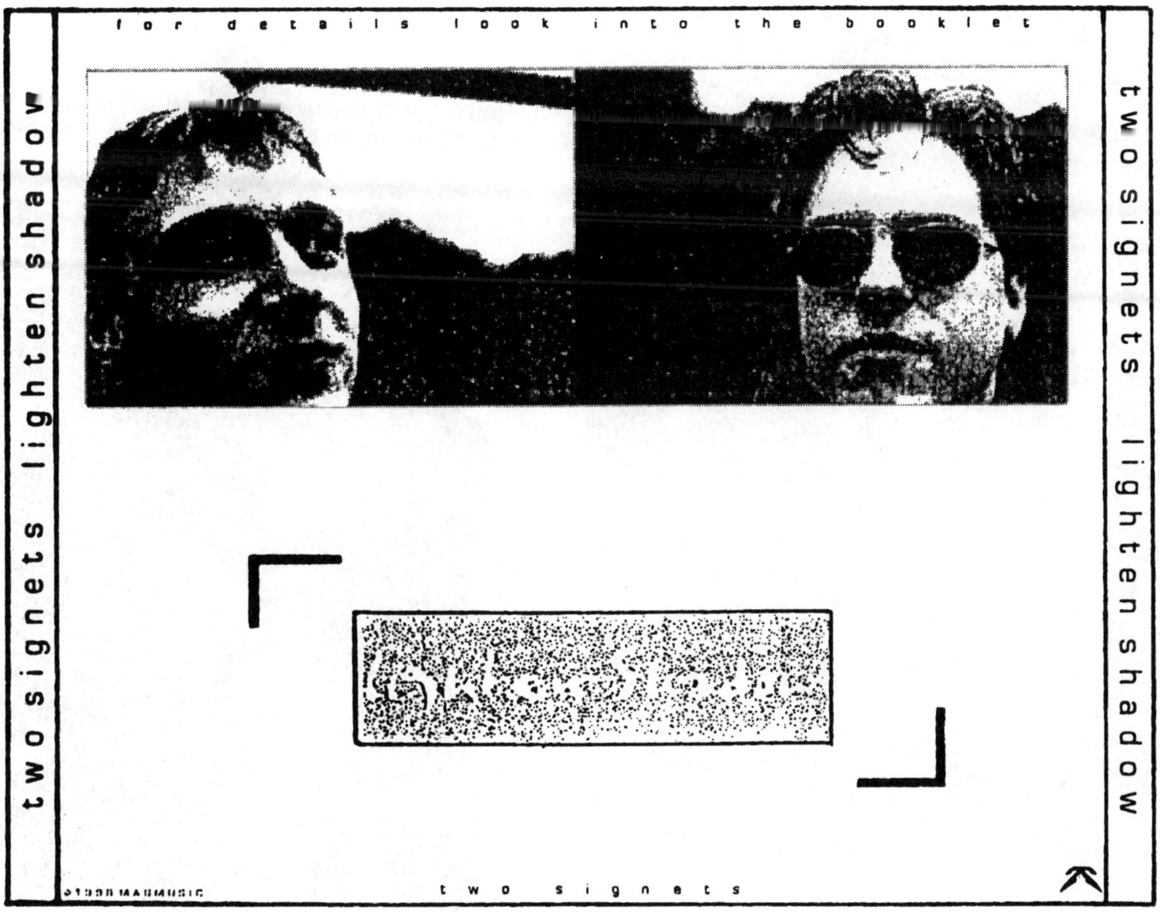

Abb.159

Tanzen beim Profi lernt man!

Neben Fußball findet auch der Tanzsport in Deutschland immer mehr Anhänger. Jedoch ist dieser Sport so teuer, daß es sich nicht jeder leisten kann diesen Sport zu betreiben.
Nicht zu vergessen ist der enorme tägliche Trainingsaufwand ohne den Leistungen wie die von [illegible] nicht möglich wären.
Für alle die die jedoch mehr zum Spaß tanzen wollen sind die Tanzschulen des ADTV eine gute Alternative.
Die Leipziger Tanzschule Jörgens gilt als die Größte und Erfolgreichste in den neuen Bundesländern.
Gegründet wurde sie in den 60er Jahren von Brunhilde und Gert Jörgens die selbst Turniertänzer waren und bei großen Turnieren mitwirkten.
Aufgrund ihrer erfolgreichen Paare wurden die Eheleute zu den DDR-Nationaltrainern und stellten die besten Paare des ehem. Ostblocks.
Ihr wohl erfolgreichstes Paar waren zwei der eigenen Kinder. Die Geschwister Kerstin und Jens Jörgens gewannen alles was es zu gewinnen gab. Die 15 maligen DDR-Meister in Standard und Latein und 11maligen "Meister der soz. Länder" holten sich 1992 zur Krönung ihrer Karriere den Weltmeistertitel bei den Profis..
Trotz solcher Erfolge lag der Fam. Jörgens die normale Tanzschule immer sehr am Herzen.
Im Gegensatz zu ihren Kindern arbeiten Gert und Brunhilde Jörgens mittlerweile nicht mehr als Trainer sonder nur noch als Tanzlehrer, was sie jedoch vollends auslastet.
In den Tanzschulen des ADTV erlernt man im Gegensatz zum Turniertanz nicht die Revised Technique sondern die Schritte und Folgen des Welttanzprogrammes.
Um die Unterschiede zu kennen braucht man natürlich Vorkenntnisse und eine fundierte Ausbildung, die in Deutschland als besonders schwer gilt (90% aller Azubis bestehen die Abschlußprüfung nicht).
Vorraussetzung um Tanzlehrer werden zu können ist das Mindestalter von 18 Jahren, Abitur, Nachweis des Deutschen Tanzabzeichens in Goldstar und turniertänzerische Fähigkeiten und Kenntnisse.
Die Ausbildung beginnt in einer Ausbildungsschule des ADTV mit einer [illegible] Ausbildung zum Assistenztanzlehrer. Nach bestandener Prüfung kann eine zweijährige Fortbildung absolviert werden, die mit der Prüfung zum Tanzlehrer ADTV abschließt. Mit diesem Abschluß ist es möglich eine eigene Tanzschule zu eröffnen.
Mit so [illegible] Lehrern sind also auch in der Tanzschule Jörgens optimale Bedingungen um schnell und verständlich die Grundfiguren von Cha-Cha-Cha, Walzer, Foxtrott und Rumba zu erlernen.
Ein Grund mehr selbst in die Tanzschule zu gehen.
Denn Tanz verbindet weltweit.

Abb.160

Abb.161 (oben links)
Abb.162 (unten)
Abb.163 (oben rechts

EXPERIMENTE DER BILDGESTALTUNG
(vgl. S.98)

AUSGANGSBILD

FILTER POINTILLISMUS

Hier lassen sich die Bilder einem Kunststil angleichen, wobei die Farbanteile in Pinselpunkte umgesetzt werden.

FILTER IMPRESSIONISMUS

Das Bild wird in den impressionistischen Malstil umgewandelt. Dabei werden die vorgegebenen Formen in Pinselstriche umgesetzt.

FILTER KRÄUSELUNG HORIZONTAL UND VERTIKAL

Dieser Filter verzerrt die Grundstruktur in den angegebenen Richtungen. Das Ausgangsbild ist kaum noch zu erkennen.

FILTER GLASBLOCK

Hier ähnelt das veränderte Bild einer Glasblockwand. Dabei entstehen automatisch Verzerrungseffekte.

FILTER OBJEKTKONTUR

Hier werden lediglich die Konturen des Bildes hervorgehoben. Ursprüngliche Farbinhalte gehen verloren.

FILTER MOSAIK KREIS

Diese Funktion verändert das Bild kreisförmig und mosaikartig.

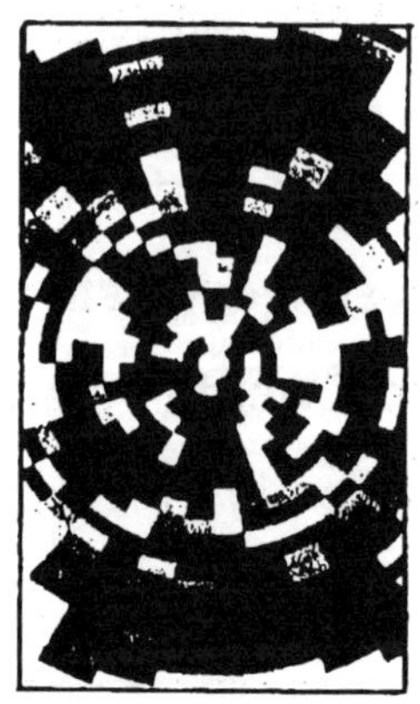

FILTER MOSAIK VIERECKIG

Der Filter arbeitet nach dem gleichen Prinzip. Dabei wird jedoch ein Viereck als Grundlage gewählt.

FILTER KUGELFÖRMIG

Grundelement ist eine Kugel, die dem Bild aufgeprägt wird. Das Ausgangsbild gleitet an den Rundungen ab und versucht, an den Rändern zum Ursprung zurückzukehren.

FILTER ZIEHEN

Hier wird - wie mit einem Gummiband - die Mitte des Bildes zusammengezogen. Dadurch verkürzen sich im Innenteil des Bildes die ursprünglichen Bildanteile.

FILTER VIGNETTE

Dieser Filter liefert Bilder, die den ovalen Fotos unserer Urgroßeltern ähneln. Der Computer lässt die ovale Form zum Rand hin abfallen.

FILTER WIRBEL

Das Bild wird um das Zentrum (ähnlich einem Wasser- oder Windwirbel) zusammengezogen.

FILTER INVERTIEREN

Das Bild bleibt in seiner Grundvariante erhalten. Lediglich die Flächen kehren sich um.

FILTER BEWEGUNG

Bei Eingabe einer Richtung lässt sich das Bild in einen bestimmten Bewegungsverlauf ziehen. Als Nebeneffekt entsteht ein Verschwimmen.

FILTER SCHLAGEN

Dieser Filter arbeitet wie ein Hammer, der eine Beule in den Mittelpunkt des Bildes treibt. Diese Anteile werden aufgebläht.

5. Computergrafik in der Unterrichtspraxis II (Erfahrungsbericht des Gymnasiums Köthen):

Die **Abbildungen 164 bis 167 und 174** sind Fotobearbeitungen, die mit dem Programm PHOTO EDITOR von MICROSOFT entstanden. Dieses Programm ist Bestandteil des Software-Pakets OFFICE 97 von MICROSOFT. Damit können Bilder bzw. Fotos bearbeitet oder verfremdet werden, die eingescannt wurden. (Ein alternativer Weg wäre das Überspielen eines Dia-Films mit maximal 40 Aufnahmen auf Diskette, um die Bilder bearbeiten zu können.) Folgende Spezialeffekte bietet das Programm u.a. an: Scharfzeichnen, Weichzeichnen, Negativ, Plaketeffekt, Solarisation, Kreide und Zeichenkohle, Relief, Buntglas, Stempel, Strukturgeber, Drehen, Farbauswahl. Die Abbildungen zeigen nur eine kleine Auswahl der Anwendungsmöglichkeiten.
Die **Abbildungen 168 bis 171, 176 und 2 auf der Farbfolie** sind mit einem neuen Zubehör von WINDOWS 95 entstanden; es trägt den Namen PAINT. Hier kann durch Bewegung der Maus frei gezeichnet und gemalt werden. Bestimmte Effekte und Zufälle machen die Arbeit interessant. Da in den Computerkabinetten vielfach das Betriebssystem WINDOWS 95 vorhanden ist, müsste dieses Programm in den Schulen anwendbar sein. Auf die Installation des kompletten Programms sollte geachtet werden. Die Schüler können damit spielerisch an bestimmte technische Abläufe herangeführt werden und begreifen, dass Kunst und Technik einander nicht ausschließen.

Abb.164

Abb.165 (Buntglaseffekt)

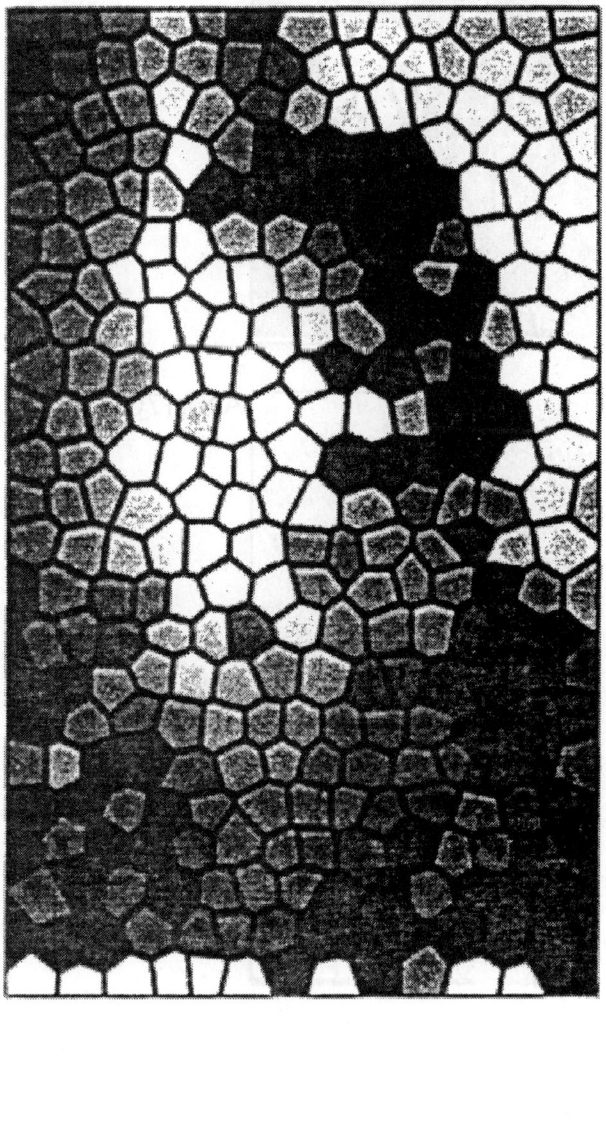

Abb.166

Abb.167
(Solarisation)

Abb.168

Abb.169

Abb.170

Abb.171

(Abb.168-171: Gestaltung des Hintergrundes im Airbrush-Effekt; Farbvariationen, erstellt mit dem PAINT-Programm)

Abb.172 (Dieses Foto vom Stadtzentrum Halle/S. diente als Vorlage für die Abb.4 auf der Farbfolie. Es wurde so bearbeitet, dass ein Plakateffekt entstand.)

Abb.173 (Foto: Straßenmotiv in Halle/S.)

Abb.174 (Bearbeitung des Fotos mit Stempel-Effekt; vergleichbar mit dem Linolschnitt)

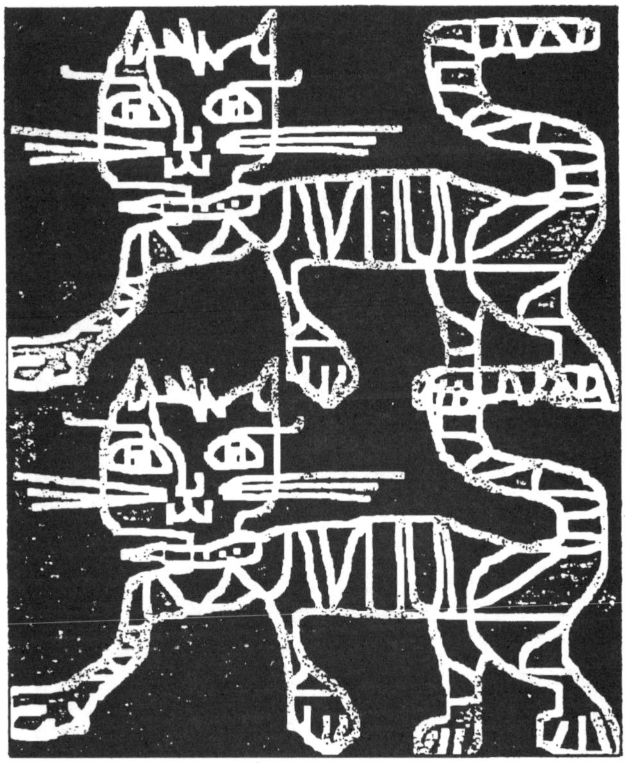

Abb.175 und 176 (oben): Farbvariationen mit dem PAINT-Programm; Gestaltung des Hintergrundes im Airbrush-Effekt (vgl. Farbfolie, Abb.2)

Abb.177: Anwendung des PAINT-Programms im Sinne der Op-Art

Abb.178: „AndyGrafie“ / Ein mit der Videokamera auf den Bildschirm übertragenes Porträt wird - wie in den seriellen Bildwiederholungen Andy Warhols - variantenreich bearbeitet und ausgedruckt. (Kunstpädagogisches Zentrum im Germanischen Nationalmuseum in Nürnberg)

7. Literaturempfehlungen:

- „Grundsteine Kunst 1“, Ernst Klett Schulbuchverlag Stuttgart, 1992, S.113 ff.
- „Grundsteine Kunst 2“, Ernst Klett Schulbuchverlag Stuttgart, 1994, S.115 ff.
- Johannes Kirschenmann / Frank Schulz: „Praktiken der modernen Kunst“, Ernst Klett Schulbuchverlag Stuttgart, 1996, S.120 ff.
- „Epochen der Kunst“, Band V, Oldenbourg Verlag 1997, 2. Auflage, S.312 ff.

8. Abbildungen auf der Farbfolie:

Abb.1: Kombination von farbigen Flächen und Schrift
(Kl.10, Thomas-Gymnasium Leipzig, vgl. S.98)

Abb.2: Farbvariante, erstellt mit dem PAINT-Programm. Gestaltung des Hintergrundes mit dem Airbrush-Effekt
(Kl. 8, Gymnasium Köthen, vgl.S.108)

Abb.3: Computergrafik, in verschiedenen Programmen bearbeitet
(Kl. 10, Thomas-Gymnasium Leipzig, vgl. S.98)

Abb.4: Bearbeitung eines Fotos mit Plakateffekt
(Kl. 6, Gymnasium Köthen, vgl. S.107)

Inhaltsübersicht:

Allgemeines
1. Aufgaben der Kunsterziehung
2. Leitfaden
3. Grundsätzliches zum Unterricht
4. Entwicklungsprobleme der Schüler in der 5. und 6. Klasse
5. Anmerkungen zum „Malen"
6. Bildaufteilung
7. Bildbetrachtung

Beispielsammlung zum Bereich Malen
1. Malgrund/Farbträger: Experimente
2. Farbwirkung: Fenster
3. Pinselübung: Hippie, Eule oder Hase
4. Umgang mit Farben: Farben
5. Verwendungsmöglichkeit: Großer Geschenkumschlag
6. Farbenlehre: Kleine Farbenlehre
7. Farbenlehre: Farbspielerei
8. Farbenlehre: Wellen
9. Farbgestaltungsprinzipien: Eingefrorenes Schloss
10. Farbgestaltung: Durchbruch
11. Farbgestaltung: Eule oder Raubvogel
12. Farbgesetze und Gestaltungsprinzipien: Spaziergang
13. Farbgestaltung: Wundersamer Schmetterling
11. Farbgestaltung: Phantasietiere
15. Gestaltungsprinzipien: Verformung eines Würfels
16. Kompositionsprinzipien: Wunderblume
17. Farbabstufung: Ein Plakatankleber
18. Farbkomposition: Felder
19. Farbgestaltung: Urwald
20. Farbiges Gestalten: Ein Seerosenteich
21. Individuelle Farbgestaltung: Ein Baum in den vier Jahreszeiten
22. Farbgestaltung: Hinterglasmalerei
23. Farbgestaltung: Unsere Stadt bei Nacht
24. Farbgestaltung: Ein Laternenzug
25. Malerisches Gestalten: Feuerwerk
26. Farbgestaltung: Rote Blumen auf grünem Grund
27. Farbgestaltung: Blaue Blumen im grünen Kornfeld
28. Konträrfarbenmalerei: Eine Fliederdolde
29. Farbgestaltung: Riesenschlangen begrüßen sich
30. Mischtechnik: Großwild
31. Aquarellvorübung: Stadt in der Wüste
32. Malen und Zeichnen: [illegible]
33. Farbiges Gestalten: Fischungeheuer
34. Malerisches Gestalten: Masken auf Pappteller
35. Malerisches Gestalten: „Wir suchen ein Faschingskostüm"
36. Freies Malen: Unser Ferienhaus am Strand
37. Freies Malen: Eissport

Malen und Zeichen Bd. I
Nr. 236 *168 Seiten* **DM 36,80**

Inhaltsübersicht:

Allgemeines
1. Aufgaben der Kunsterziehung
2. Leitfaden
3. Grundsätzliches zum Unterricht
4. Entwicklungsprobleme der Schüler in der 5. und 6. Klasse
5. Anmerkungen zum „Malen"
6. Bildaufteilung
7. Bildbetrachtung

Beeispielsammlung

I. Themenbereich: Schrift
1. Pinselübung: Buchstaben ordnen sich
2. Federzeichnung: Geheime Nachricht
3. Deckfarbenmalerei: Schriftbausteine
4. Federzeichnung: Schrifttier

II. Themenbereich: Drucken

Überblick über Drucktechniken in der Schule
1. Korkdruck: Panzertier
2. Fingerdruck: Hinweisschild
3. Kartoffeldruck: Heinzelmann
4. Schablonendruck: Wettrennen
5. Schablonendruck: Weidende Tiere
6. Materialdruck: Ein Herrscher
7. Kordeldruck: Nashorn
8. Linoleumdruck: Mein Lieblingstier
9. Schieferdruck: 1. Hai, 2. Delphin
10. Radierung: 1. Unser Dorf, 2. Burg
11. Radierung: Ozeanriese
12. Holzdruck: Wassertier

III. Themenbereich: Gestalten (plastisch und räumlich)

Was ist eine Plastik?
1. Kneten: Tierfamilie
2. Salzteig: Hänsel und Gretel
3. Gipskratzen: Pilze
4. Scherenschnitt: Mein Nachbar
5. Klappschnitt: Maske

IV. Themenbereich: Bauen

Überblick über die verschiedenen Möglichkeiten
1. Freies Bauen: Eine Stadt
2. Freies Bauen: Roboter
3. Kupferdruckarbeiten: Tanz der Eingeborenen
4. Kupferdruckarbeiten: Mobile
5. Papierarbeit: Mein Zimmer
6. Holzarbeit: Wildkatze
7. Pappmache-Arbeit: Kasperköpfe
8. Eintrag zum Werkstoff Ton
9. Was ist ein Relief?

V. Themenbereich: Spiel
1. Wiedergabe eines Hörspiels
2. Beruferaten
3. Nachspielen einer Begebenheit (Situationskomik)
4. Rollenspiel

VI. Themenbereich: Collage
1. Ein kleiner Junge fliegt mit einem roten Luftballon
2. Brennende Häuser
3. Lauter Leckerbissen
4. Unser Aquarium
5. Der Obstwagen
6. Eine Modepuppe
7. Mein Sparschwein
8. Schiff auf hoher See
9. Fremde Länder-fremde Menschen
10. Rundfunk- oder Fernsehansager

Malen und Zeichen Bd. II
Nr. 237 *120 Seiten* **DM 29,80**

MALEN

THEMA: Schmetterling — ZEIT

LERNZIELE: Sammeln von Erfahrungen in der Stoffmalerei

TECHNIK: Seidenmalerei

MATERIAL: Seide, Seidenmalfarben, Pinsel, Dreizackstifte Holzrahmen, Entwurfpapier, Filzstift

LITERATURHILFEN/NOTIZEN: 3 (Seite 74)
Brita Hansen: Handbuch der Seidenmalerei (Du Mont Verlag)
Susanne Hahn: Seidenmalerei als Kunst u. Hobby (Falken Verlag)

BEISPIEL

Inhaltsübersicht:

Literaturverzeichnis

Allgemeines

Aufgaben der Kunsterziehung
Leitfaden
Grundsätzliches zum Unterricht
Bildaufteilung
Bildbetrachtung

Beispielsammlung zum Bereich Malen

Gestaltung eines Kopfes
Der Boss
Mein Lieblingstier / Mein Lieblingsthema
a) Landschaft b) Blumen
Malen, was gefällt
Schmetterling
a) Wüste b) Karawane
Landschaft
Stillleben / Die Spaziergängerin
Eine selbst gewählte Vorlage
a) Selbstbildnis b) Wie ich aussehen möchte
Farben fließen lassen

Beispielsammlung zum Bereich Zeichnen

Landschaft im All
Fremdartige Wesen in einer öden Landschaft
Unsere Straße
Ordnung finden
Gesicht und Profil
Figur: Mensch
Grafisches Arbeiten: a) Rauch einer Zigarette b) Öl im Wasser
Felslandschaft mit weißer Blume
Ferienlandschaft
Eichhörnchen
Naturgetreues Zeichnen einer Blüte
Sportler
Feltier
Kutschenfahrt
Grafisches Gestalten: Flächenaufteilung
Von der Linie zum Motiv
Malen und Zeichnen: Bilderbuch

Malen und Zeichnen Bd. III
Nr. 325 *119 Seiten* **DM 29,80**

Gestalten

THEMA: Stadtansicht / Ein Spaziergang durch unsere Stadt — ZEIT

LERNZIELE: Erlernen weiterer Kenntnisse in der keramischen Gestaltung

TECHNIK: Tonkratzarbeit

MATERIAL: Entwurfpapier, Bleistift, Ton, Kratzinstrument

LITERATURHILFEN/NOTIZEN: Stadtansichten; Sammeln von Ansichten besonderer Prunkbauten oder historischer Bauten in der Stadt.

BEISPIEL

Inhaltsübersicht:

Schrift

Graffiti (Sprühtechnik)

Drucken

Ballspiel (Schablonendruck mit Korkstempel)
Tanz mit dem Wolf (Vereinfachter Siebdruck)
Blumen und Vögel (Kartoffeldruck und Stoffmalerei)
Tierkopf (mehrfarbiger Linoldruck)
Raubkatze oder Tierkopf (Monotypie)
Boxkampf Straßenrivalitäten (Gummiplattentiefdruck)
Erlebnis aus der frühen Kindheit (Ätzradierung)
Verzieren von Buch und Mappendeckel (Blinddruck)
Pinseldose oder Briefmarkenkasten (Blinddruck)

Gestalten

Vogel im Flug (Mosaiktechnik)
Heraldik (Metalldruck)
Stadtansicht (Emailliermalerei)
Landschaft (Flechten, Schlingen, Knoten, Weben)
Stadtansicht (Tonkratzarbeit)
Gartenfiguren (Steinbearbeitung)

Gestalten und Spielen

Kasperlköpfe (Arbeiten mit Pappmaché)

Bauen

Ein lustiges Erlebnis (Bauen und Modellieren mit Ton)
Flächenaufteilung mit geometrischen Figuren (Tonarbeit)

Collage

Leseratte (Schriftcollage)
Collage aus Buchstaben oder Zeichen

Malen und Zeichnen Bd. IV
Nr. 326 *84 Seiten* **DM 26,80**

Stand der Preise 1999 - Bitte beachten Sie unsere aktuelle Preisliste

Deutsch

Stundenbilder

362 **7. Schuljahr** 36,80
30 StB, 40 AB, 33 FV, 160 S.
363 **8. Schuljahr,** *Neubearbeitung* 34,80
24 StB, 160 S.
401 **9. Schuljahr,** *Neubearbeitung* 34,80
26 StB, 148 S.
871 **10. Schuljahr** i.V.

Kopierhefte/Rechtschreiben
für Freiarbeit,Übung, Differenzierung

487 **Rechtschreiben 7.-10.,** *96 S.* ✍ 27,80

Nach neuer Rechtschrift
Nachschriften/Diktate UP
mit abwechslungsreichen Übungen zu den einzelnen Nachschriften, Arbeitsblättern zur Überprüfung des Lernerfolges und weiteren Arbeitsmaterialien. Die Texte greifen Themen aus den Sachfächern auf.

906 **7./8. Schuljahr,** *96 S.* ✍ 27,80
907 **9./10. Schuljahr,** *96 S.* ✍ 27,80

Sprachlehre

434 **Sprachlehre 7.-10.** ✍ 32,80
Neubearbeitung, 41 AB, 15 FV, 136 S.
483 **Sprachlehre KP 7./8.,** *96 S.* 27,80
486 **Sprachlehre KP 9./10.** i.V.

Aufsatz

864 **7./8. Schuljahr** ✍ 37,80
Aufsatzerziehung, 160 S.
865 **9./10. Schuljahr** ✍ 37,80
Aufsatz, 160 S.
911 **Kreatives Schreiben 7.-10.** ✍ 27,80
Techniken, Tipps, Schülerbeisp. 96 S.

482 **Aufsatz Spaß 7./8.** ✍ 25,80
Kopierheft, 80 Seiten
485 **Aufsatz Spaß 9./10.** ✍ 27,80
Kopierheft, 96 Seiten

Begleithefte zu aktueller Jugendliteratur

913 **Jugendbücher 7./8.** ✍ 28,80
914 **Jugendbücher 9./10.** ✍ 28,80

Gedichte

427 **7.-9. Schuljahr** 29,80
122 Seiten, 17 Gedichte z.B. von Kästner, Rilke, BrittingTucholsky, Fontane, Bachmann, Eichendorff...
510 **10. Schuljahr** ✍ 25,80
92 Seiten, 16 Gedichte z.B. von Goethe, Hölderlin, Benn, Brecht, Celan, Hesse, Heym, Huchel, Kästner, George...

Qualifizierender Hauptschulabschluss

839 **Rechtschreiben nach neuer Rechtschrift** i.V.
450 **Textaufgaben,** *62 Seiten, DIN A5* 7,80
Restauflage:
471 **Rechtschreiben I** 12,80
Vorbereitungsdiktate, Regeln, Tipps zur Fehlervermeidung, DIN A5, 54 S. mit Lösungsheft
472 **Rechtschreiben II** 12,80
Übungen zu den häufigsten Rechtschreibfehlern, DIN A5, 62 S. mit Lösungsheft

Literatur/Lesen

570 **Kurzgeschichte Band I** ✍ 29,80
Texte v. Borchert, Böll, Lenz, Gaiser, Dürrenmatt, Langgässer...
120 S., 15 StB, 20 AB, 13 FV
826 **Kurzgeschichte Band II** ✍ 27,80
Texte v. Eich, Schnurre, Bender, Andres, Borchert, Böll..., 124 S.
571 **Erzählung** 28,80
Texte v. Lenz, Kasack, Brecht, Greene, Aichinger, Turgenjew...,
104 S., 16 AB, 12 StB, 12 FV
572 **Fabel/Parabel/Anekdote** ✍ 36,80
160 S., 22 StB, 23 AB, 23 FV
573 **Märchen/Sage/Legende,** *176 S.* ✍ 38,80
574 **Satire/Glosse.../Schwank** ✍ 27,80
96 S., 13 StB, 14AB, 14 FV
577 **Novelle** 36,80
152 S., 5 Novellen von G. Keller, J. Gotthelf, G. Hauptmann, A. v. Droste-Hülshoff, E.T.A. Hoffmann
578 **Roman** 38,80
176 S., Abenteuer-Roman, Jugend-Roman, Zukunfts-Roman, Kriminal-Roman, Entwicklungs-Roman, Gesellschafts-Roman
579 **Lyrik** 32,80
136 S., 18 Gedichte von Mörike, Hesse, Brecht, Fontane, Goethe, Schiller, Kaschnitz, Jandl...
585 **Lyrik, Band II** i.V.
580 **Texte aus den Massenmedien** ✍ 34,80
144 S., Kommentar, Nachrichten, Reportage, Bericht, Werbung - aus Zeitungen, Magazinen, TV, Rundfunk
581 **Triviale Texte** 38,80
Merkmale, Figuren, Handlungsschemata und Wirkung von Groschenheften, Western, Krimis, Arzt- und Heimatromanen, Comics im Vergleich mit literarischen Texten, 175 S. 23 AB, 19 StB, 20 FV

Unterrichtshilfen zum Drama

562 **Brecht: Der gute Mensch v. Sezuan**
von M. Mitschke, 136 S. 34,80
566 **Hauptmann: Die Ratten**
von Ch. Löffler, 92 S. 24,80

Mathematik

Stundenbilder

340 **7. Schuljahr** ✍ 39,80
Dezimalbrüche, Prozentrechnung, Terme/ Gleichungen, Größen, Proportionalität
341 **8. Schuljahr** 39,80
188 S., 22 StB, 60 AB, 22 FV
Taschenrechner, Prozentrechnung, Zinsrechnung, Gleichungslehre,...
342 **9. Schuljahr** 39,80
200 S., 26 StB, 63 AB
Geschwindigkeitsaufgaben, Verhältnisrechnung, Gleichungen,...

Geometrie

343 **7. Schuljahr** ✍ 32,80
Dreiecke, Vierecke, Gerade Prismen, 134 S.
344 **8. Schuljahr** ✍ 33,80
150 S., 24 StB, 42 AB
Vielecke, Kreis, gerade Körper
345 **9. Schuljahr** 33,80
146 S., 15 StB, 47 AB
Konstruktionen, Pythagoras, gerade und spitze Körper, zusammengesetzte KörperÜbungen und Rechenspiele

Lernzielkontrollen
Proben in Mathematik und Geometrie

328 **7.-9. Schuljahr,** *88 Seiten, 27 AB* 26,80

Mathe-Kartei 7.-10. Schuljahr
Übungsaufgaben mit Lösungen zur Lernzielkontrolle, Wiederholung, Partner- u. Freiarbeit

854 **Zuordnungen/Einführung** 22,80
897 **Zuordnungen/weiterf. Aufgaben** ✍ 22,80
855 **Größen/Rationale Zahlen** 27,80
830 **Prozentrechnen/Einführung** ✍ 19,80
830 **Prozentrechnen/weiterf. Aufgaben** ✍ 24,80
898 **Zinsrechnen** 24,80
899 **Bruchrechnen** 19,80
900 **Flächen und Körper** ✍ 32,80
915 **Regelmäßige Vierecke** 24,80
901 **Gleichungen** ✍ 26,80

Qualifizierender Hauptschulabschluss

446 **Mathematik 7.-9. Schuljahr** 12,80
DIN A5, 56 S. mit Lösungen
447 **Geometrie 7.-9. Schuljahr** 12,80
DIN A5, 56 S. mit Lösungen
454 **Grundwissen Mathematik 7.-9.** 9,80
DIN A5, 60 S. m. Formeln u. Musterlösungen

Konzentration/Denksport

Geistreiche und vergnügliche Denkspiele, nicht nur für den Mathematikunterricht

873 **Gripsfit 7.-10. Schulj.,** *78 S.* ✍ 25,80

Religion

Unterrichtspraxis Kath. Religion

918 **Religion UP 7.,** *144 S.* ✍ 34,80
623 **Foliensatz zu Religion 7.** 39,80
919 **Religion UP 8.** *130 S.* ✍ 32,80
618 **Religion UP 9.** ✍ i.V.

Ethik

Stundenbilder

323 **7. Schuljahr** 32,80
144 Seiten, 14 StB, 27 AB, 13 FV
324 **8. Schuljahr** 34,80
145Seiten, 19 StB, 29 AB, 23 FV

UP nach Themenkreisen

614 **Ethik Unterrichtspraxis:**
In sozialer Verantwortung leben und lernen *110 S.* ✍ 28,80
615 **Ethik Unterrichtspraxis:**
Weltreligionen unter religiösen und sozialethischen Gesichtspunkten *120 S.* ✍ 29,80
616 **Ethik Unterrichtspraxis:**
Nach ethischen Maßstäben entscheiden und handeln *88 S.* 25,80

Erdkunde

Stundenbilder

331 **Asien und Afrika** ✍ 39,80
160 S., 19 StB, 30 AB, 18 FV
333 **Amerika** ✍ 38,80
Topographie,...160 S.
660 **Folien zu Amerika** 39,80
9 Farbfolien, 42 Schwarzweißfolien